視覚障害児・者の理解と支援 新版

芝田裕一 著 Hirokazu Shibata

北大路書房

新版 序にかえて

　「視覚障害児・者の理解と支援」の新版を刊行することとなりました。旧版では，視覚障害の教育よりもリハビリテーションに少し重きを置いていましたが，新版では，2007年からスタートした特別支援教育が大きく展開してきていることから，特別支援教育とその中の自立活動の比重を少し重くするなど一部を大きく改編して書き加え，総体的によりわかりやすい表現としました。特別支援教育や本書のタイトルにある「支援」という用語には，教育・リハビリテーション的な色彩の濃い「指導・訓練」と福祉的な色彩の濃い「介助・援助」という，いわば対極にある両面の意味が包含されて使用されているきらいがありますが，本来支援は介助・援助という意味です（第2章参照）。ところが，本書は指導・訓練にも多くの紙数を費やしているところから，実質的には「視覚障害児・者の理解と指導・支援」という内容となっています。

　本書は，視覚障害に関する特別支援学校・リハビリテーション施設・福祉施設・医療機関・研究機関等の教職員，ガイドヘルパー（移動介護従業者），ボランティア，視覚障害児・者の家族・友人，学生・生徒をはじめ，視覚障害に関心をおもちの方々といった専門家から一般の方々までを対象として，また，大学・専門学校，各種の養成研修や講座でのテキストとしても使用できるように，視覚障害児・者に対する適正な理解と求められる指導・支援の内容・方法を総論的，基礎的に論述したものです。障害者の心理と教育は不可分の関係にあるため，本書は視覚障害の心理と教育を含めた総合的な「視覚障害学」といえる内容となっています。

　ところで，視覚障害は必ずしも社会に正しく理解されているとはいえないところがあります。さらに，そのためもあって社会には視覚障害者に対してどのような指導・支援が必要なのかの認識もまだまだ不十分なのが現状です。視覚障害の教育・リハビリテーションをより充実させていくためには，視覚障害に対する理解の教育・啓発と指導・支援についての普及と向上が欠かせません。視覚障害児はいずれ成長とともに特別支援学校等を卒業して成人となり，成人である視覚障害者と同じく社会との関わりの中でその活動や参加を進めていくことになります。特別支援教育に関わる教職員は，学校在学中の視覚障害児に対する教育にだけ焦点化するのではなく，卒業後の就労や地域生活などその後の社会との関わりも念頭に置いておく

必要があります。これは視覚障害児だけでなく全障害児に対しても当てはまります。

　そこで，本書では，視覚障害の意味（第1章），視覚障害者の指導・支援としての総論（第2，4章）と各論（第5，6，8章），そして心理面（第3章）だけでなく，障害理解や社会との関連にも着目して解説しています。そのため，視覚障害者の指導・支援として重要な手引きによる歩行の考え方・方法・指導法（第9，10章），視覚障害者の理解に不可欠な疑似障害体験の考え方と方法（第11章），総合的な社会の障害者に対する理解の現状と適切なあり方（第12章）を取り上げています。また，視覚障害者にとっては，未知環境と既知環境ではその活動能力の発揮に大きな差異があることから指導・支援の基本として大切でありながら，これまでふれられることがほとんどなかったファミリアリゼーション（未知を既知とするための説明，第7章）についても論じています。

　なお，本書では，特別な場合を除き，視覚障害児と視覚障害者（成人）をまとめて視覚障害者と，同様に視覚障害を含むすべての障害児と障害者をまとめて障害者と表現しています。また，第2章で詳述しますが，特別支援教育は，リハビリテーションの一部である教育リハビリテーションとして位置づけられていますが，現状ではその認識は不十分です。その現状をふまえて，本書では教育・リハビリテーションと併記します。また，第12章はとくにそうですが，全体をとおして視覚障害だけに限定せず，すべての障害をも包括して述べているところがあります。

　先に述べましたように，視覚障害は必ずしも社会に正しく理解されているとはいえないところがありますが，本書がその理解の啓発と指導・支援の向上に貢献するものとなれば幸いです。

　最後に，本書の出版に際していろいろとご助言いただき，そしてお世話になった北大路書房の北川芳美さんにこの紙面をかりて感謝申し上げます。

2015年1月
芝田裕一

目　次

新版 序にかえて　　i

● 第1章　視覚障害の概念 …………………………………… 1

1．障害の分類　1
1）ICIDHとその課題／2）ICFの内容と特性／3）ICF活用の意義／4）ICF関連図作成の留意点／5）ICFの課題

2．視覚の生理・病理　5
1）視覚器／2）視力／3）視野／4）視機能の発達／5）主な眼疾患

3．視覚障害の基礎事項　8
1）視覚障害とその範囲／2）視覚障害児・者数／3）全盲と弱視／4）通常化させたい「視覚障害」という名称

4．視覚障害者に対する誤解　11
1）社会における誤解／2）メディアにおける誤解／3）専門領域における誤解

5．視覚障害の意味　13
1）視覚障害者の活動制限／2）生活的社会的な障害と社会適応訓練／3）活動制限の多様性／4）活動能力の多様性を示す要因／5）視覚障害者，専門領域関係者における理解／6）キャロルの20の喪失／7）感覚・知覚の再構成

● 第2章　視覚障害の教育とリハビリテーション …………… 19

1．支援という用語　19
1）指導・訓練と介助・援助の相違点／2）支援の意味と指導・訓練／3）支援と指導者の責任性／4）支援と指導・訓練

2．リハビリテーションとハビリテーション　20
1）リハビリテーションの語源・意味／2）障害者のリハビリテーションとハビリテーション／3）ハビリテーションの認識／4）リハビリテーションの定義・理念／5）リハビリテーションと福祉／6）リハビリテーションの内容と特別支援教育／7）2種類のリハビリテーション／8）教育・リハビリテーションのあり方と障害者の主体性

3．関連用語　24

4．視覚障害教育　27
1）特別支援教育／2）視覚特別支援学校／3）その他における教育／4）視覚特別支援学校と視覚障害者リハビリテーション施設

5．職業リハビリテーションと移行支援　29
　　1）職業教育と就労／2）移行支援・就労支援

6．指導者のあり方　30

7．教員の専門性　31
　　1）専門性における基本／2）教師に求められる能力／3）専門性の向上

8．視覚障害教育（特別支援教育）の課題　33
　　1）教育・教員関連の制度と体制／2）対児童生徒（教育・授業・指導）／3）その他の課題

第3章　心理リハビリテーションと心理的ケア …………… 37

1．障害告知　37

2．障害受容の考え方　37

3．障害受容の理論　38
　　1）グレイソン／2）価値変換論／3）段階論／4）関連する理論／5）各理論に対する諸問題

4．障害受容についての留意事項　40
　　1）個人差・多様性／2）障害受容と教育・リハビリテーション／3）個人受容と社会受容

5．視覚障害者の障害受容と心理・心情　42
　　1）中途視覚障害者と障害受容／2）視覚障害者の心理・心情／3）弱視者の心理・心情／4）視覚障害児と障害受容

6．障害受容と教育・リハビリテーションへの動機づけのための取り組み　44
　　1）心理的取り組み／2）行動的取り組み／3）情報的取り組み

7．心理的ケアの現状と課題　48

第4章　自立活動と生活訓練 ……………………………………… 51

1．自立活動・生活訓練の理念　51
　　1）自立活動・生活訓練の基礎事項／2）用語としての指導と訓練／3）専門の指導者

2．社会適応訓練（社会適応能力と基礎的能力）　52
　　1）社会適応訓練の内容／2）3つの分野／3）社会適応能力と基礎的能力／4）自立活動と生活訓練

3．基礎的能力　54
　　1）知識／2）感覚・知覚／3）運動／4）社会性／5）心理的課題／

6）視覚障害児と中途視覚障害者の基礎的能力

4．**自立活動の概要**　57
　　　1）自立活動の内容／2）指導内容とカリキュラム

5．**自立活動実施における重要事項**　58
　　　1）健康の保持／2）心理的な安定／3）人間関係の形成／4）ストレス／5）生きる力と知恵／6）障害理解／7）歩行（定位と移動）／8）重複障害者の自立活動の考え方／9）基礎的能力と自立活動の相互関係

6．**生活訓練**　63
　　　1）生活訓練の受講と社会適応能力／2）視覚障害者リハビリテーション施設／3）視覚障害者リハビリテーション施設・生活訓練の課題

7．**指導の実際**　63
　　　1）社会適応訓練実施の条件／2）指導と援助／3）能力の可能性と限界／4）実生活の準備としての指導／5）実態把握・ニーズ・潜在的能力／6）評価とそのあり方／7）指導用教材（用具）

8．**ファミリアリゼーションの重要性**　66
　　　1）習慣化とつまずき／2）新規な環境／3）視覚障害児の歩行姿勢／4）空間認知／5）未知環境・既知環境と研究

9．**指導法**　69
　　　1）指導の意味／2）指導の理念1：ストレスフリーとつまずき／3）指導の理念2：その他／4）基礎的能力の指導／5）総合的な指導の留意事項

第5章　歩行（定位と移動）とその指導……………………75

1．**視覚障害者の歩行（定位と移動）**　75

2．**歩行訓練の定義**　75
　　　1）基礎的能力／2）歩行能力

3．**歩行補助具（用具）**　77
　　　1）白杖／2）盲導犬／3）視覚障害者誘導用ブロック／4）音響信号／5）その他の補助具／6）歩行補助具の課題

4．**歩行訓練の実際**　82
　　　1）指導の考え方と専門性／2）手引きによる歩行技術／3）屋内における歩行／4）屋外における歩行／5）視覚障害児の指導

5．**歩行訓練の課題**　84
　　　1）歩行訓練士と歩行訓練補助員の連携／2）歩行訓練の主な課題

第6章　コミュニケーション・日常生活動作とその指導 …… 87

1．点字　87
1）点字について／2）点字の歴史／3）点字の成り立ち／4）点字の指導

2．その他のコミュニケーション　94
1）パソコン・スマートフォン／2）すみ字（普通文字）／3）会話，その他

3．点字図書等の現状　96

4．日常生活動作（ADL）　96
1）日常生活動作の特性／2）日常生活動作の内容と指導

第7章　ファミリアリゼーション …………………………… 99

1．ファミリアリゼーションの意味　99

2．オリエンテーションとの相違　100

3．ファミリアリゼーションの体系　100
1）環境別分類／2）実施別分類／3）実施方法を規定する要因／4）実施に際しての留意事項

4．歩行訓練における位置づけ　104
1）ファミリアリゼーションの方法／2）指導地域とファミリアリゼーション／3）セルフファミリアリゼーション／4）触地図の位置づけ／5）実際に歩行することの重要性

第8章　弱視（ロービジョン） ……………………………… 109

1．ロービジョンケア　109

2．弱視者の視覚　109
1）視覚の4要素／2）眼の動き／3）弱視者の見え方／4）視野と活動制限／5）保有視覚の有効性と個人差

3．指導の基本的留意事項　112
1）機能的視覚評価による実態把握／2）視覚の活用／3）視覚以外の感覚の活用

4．補助具（用具）　112
1）補助具を利用した網膜像の拡大法／2）社会適応用補助具

5．視覚の活用を主体とする指導　114
1）視覚の有効活用／2）歩行訓練／3）コミュニケーション訓練

目　次

6．視覚以外の感覚の活用を主体とする指導　　115
　　1）指導の基本的な考え方／2）社会適応訓練

7．視覚が徐々に低下する進行性の弱視者の指導　　116
　　1）アイマスクによる訓練の留意点／2）指導の留意点

8．弱視者の指導に関するその他の事項　　117
　　1）夜間歩行訓練／2）弱視者と白杖携帯／3）視知覚訓練（基礎的能力の指導）／4）相談支援

9．特別支援教育と弱視児　　118

10．弱視者と社会　　119
　　1）弱視者の理解と援助／2）歩行環境

第9章　手引きの考え方と指導……………………………………121

1．手引きの理念　　121
　　1）手引きの条件／2）手引きの種類／3）手引きの現状と課題

2．歩行訓練としての手引きの技術（Aの方法）　　124
　　1）手引きの基本姿勢／2）狭い所の通過／3）溝等のまたぎ方／4）1段の段差の上り下り／5）階段昇降／6）エスカレーターの利用／7）交通機関の利用／8）その他の技術

3．手引きによる歩行の指導の留意点（Aの方法）　　135
　　1）指導の考え方／2）指導の進め方

4．Bの方法の留意点およびAの方法との相違点　　137
　　1）総論的な留意点・相違点／2）各論的な留意点・相違点／3）その他のBの方法

第10章　介助としての手引きの方法………………………………141

1．介助としての手引きの考え方　　141
　　1）Bの方法／2）手引きの留意点

2．基本姿勢と留意点　　142

3．さまざまな環境での手引きの方法　　145
　　1）狭い所の通過／2）ドア・引き戸の通過・開閉／3）溝等のまたぎ方／4）1段の段差の上り下り／5）階段の昇降／6）溝，1段の段差，階段の動きのまとめ／7）エスカレーターの利用／8）椅子への誘導／9）電車の利用／10）バスの利用／11）自動車の乗降／12）視覚障害者から離れるとき／13）その他の留意点

第11章　疑似障害体験……………………………………157

1．疑似障害体験について　157
　　1）疑似障害体験の現状／2）アイマスクによる体験と視覚障害の相違点

2．歩行（手引き）の疑似障害体験と不安・恐怖　158

3．疑似障害体験の目的　159
　　1）一般的な疑似障害体験の目的／2）視覚障害の歩行（手引き）による疑似体験の目的

4．手引きによる疑似障害体験の方法・留意点　160
　　1）体験の方法／2）体験の留意事項／3）その他の留意点

第12章　障害理解と社会……………………………………163

1．社会と障害者　163
　　1）活動・参加と社会／2）障害者に対する社会の誤解／3）障害者に対する意識と態度／4）日本社会の特性／5）歴史的にみた障害者

2．障害の意味と考え方　168
　　1）障害と感情・理性：感情健常論／2）障害と欠陥・健常／3）障害と表記／4）障害の相対性／5）障害者の事例からみる障害

3．障害者の理解に必要な考え方　170
　　1）社会について／2）個人について

4．障害理解の理念と内容　171
　　1）人間理解と障害理解／2）心情的な障害理解／3）教員の責務としての社会啓発（大切な個人的啓発）／4）継続的な教育と社会啓発／5）障害理解の主な内容

5．障害理解教育の進め方　173
　　1）健常児と障害理解教育／2）障害に関する知識と理解／3）共に考えるという姿勢／4）教員への研修／5）学校生活全体で実施／6）評価／7）道徳等の授業との連携・協力／8）保護者・家族への啓発／9）授業におけるうなずき・気づき・ひらめき／10）その他の留意点

6．障害理解教育が取り扱う主なテーマ　175
　　1）個人の尊厳と尊重／2）モラル・マナー・ルール／3）差別と偏見／4）いじめ／5）その他のテーマ等

7．道路交通法と障害者　176
　　1）視覚障害者に関する道路交通法（条文は一部略）／2）白杖・盲導犬に関する道路交通法施行令／3）アメリカの道路交通法と視覚障害者の活動制限／4）道路交通法の改善点

●目　次

8．社会に求められる理解とマナー　　178
　　1）道路における現状／2）信号・道路横断における現状／3）理解・マナーのまとめ

9．障害者の援助　　180
　　1）援助の総合的なあり方／2）視覚障害者の援助の状況／3）視覚障害者の援助のあり方

引用・参考文献　　183
事項索引　　192
人名・機関名索引　　197

第1章　視覚障害の概念

1．障害の分類
1）ICIDHとその課題

　世界保健機関（WHO）は，1980年に国際障害分類試案（ICIDH：International Classification of Impairments, Disabilities, and Handicaps）を発表し，障害をインペアメント（機能障害），ディスアビリティー（能力障害），ハンディキャップ（社会的不利）に類別して解説した。図1-1はそれらの関係を表わしたものである。

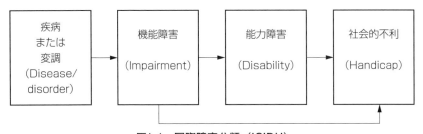

図1-1　国際障害分類（ICIDH）

　当初，これは画期的な分類として評価されたが，その後，これには以下のような批判や課題が徐々に指摘されるようになった。

①障害の原因を疾病に求め，治療を主要なものとする「医学モデル」である。

②障害者が顕在的・潜在的に保有する「アビリティー」に目を向けず，「ディスアビリティー」に焦点化しすぎている。

③機能障害→能力障害→社会的不利というようにベクトルが一方向に作用するととらえられている。実際には，「疾病の固定」が「障害」を意味するわけではなく，また，治療・教育・リハビリテーションは必ずしもこの順序で遂行されるわけではない。

④障害の矯正，あるいは個人による障害の克服に焦点化しがちである。

⑤社会的な面から障害を考えるという視点が不十分である。

⑥環境因子が加味されていない。

2）ICFの内容と特性

WHOは，1993年以降，「国際障害分類試案」から「試案」の文字を除くのであるが，それと前後して，1990年からさまざまな専門分野や異なった領域で役立つことをめざして改訂作業を開始し，2001年，国際生活機能分類（ICF：International Classification of Functioning, Disability and Health）を発表した（世界保健機関，2002，図1-2）。

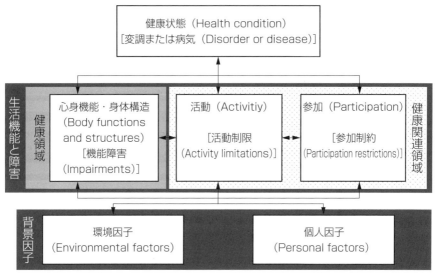

図1-2　国際生活機能分類（ICF）

このICFでは，生活機能（functioning）を包括概念とし，健康領域（心身機能・身体構造）と健康関連領域（活動・参加）の2つを定め，分類は，心身機能と身体構造（身体レベル），活動（個人レベル），参加（社会レベル）の3レベルとなっている。ICIDHでは，「障害」が前面に出されていたが，ICFでは「生活機能」という人としての一般的な面が中心となっている。そのうえで障害（disability）を規定してこの生活機能に対応させ，心身機能・身体構造は機能障害（impairments），活動は活動制限（activity limitations），参加は参加制約（participation restrictions）として示されている。また，生活機能に大きな影響を及ぼすものとして背景因子が導入されており，それには環境と個人の2つがある。なお，ICIDHでは1つのレベルであったdisability（能力障害）はICFでは障害の包括概念を示

す用語となっている。

　総合して，ICFは障害のある人だけに関するものではなく，すべての人に関する分類となっている点が大きな改善点といえる。さらに，ICFは，心身機能と身体構造のみに偏重した「医学モデル」でなく，それに参加や環境因子を主とする「社会モデル」が付加された新しいモデルである。なお，「医学モデル」とは，機能障害を過大視し，活動制限，参加制約を従属的なものとする考え方であり，「社会モデル」とは，社会との関連で障害をとらえようとする考え方である。

　この他，ICFには以下のような特性がある。

① 人種，ジェンダー，宗教のような健康とは無関係な状況はその範囲としない。
② 活動は，日常生活動作（ADL：activities of daily living）的なものからレクリエーションまでを含む生活に関する課題や行為の個人による遂行をさしている。活動は能力（capacity；できる活動）と実行状況（performance；している活動）に分けて評価される。なお，活動制限とは個人が活動を行なうときの難しさのことである。
③ 参加は，家庭という狭義のものから社会という広義のものまでを含む生活・人生場面へのかかわりをさしており，単なる社会参加だけではなく，家庭という概念を含んでいることに意義がある。これも能力（できる活動）と実行状況（している活動）に分けて評価される。なお，参加制約とは個人がなんらかの生活・人生場面にかかわるときに経験する難しさのことである。
④ 能力とは，ある課題や行為を遂行する個人の能力を表わし，実行状況とは，個人が現在の環境のもとで行なっている活動・参加を表わすものである。これには，補助具の使用や指導・訓練によって可能となる潜在的な能力も含まれている。
⑤ 環境因子とは，物的，社会的，人々の態度的，制度的なものが含まれ，その人の能力，実行状況，そして心身機能と身体構造に肯定的，または否定的な影響を及ぼすものである。肯定的な影響を及ぼすときは促進因子（facilitator），否定的な影響を及ぼす時は阻害因子（barrie）とよばれる。
⑥ 個人因子とは，性別，人種，年齢，健康状態，体力，ライフスタイル，習慣，生育歴，困難への対処方法，教育歴，職業，経験等であり，非常に多様なものを含んでいる。個人因子はモデルとして図に挿入されているが，各レベルの内容分類（表1-1）では示されておらず，課題とされている。
⑦ ICFでは「健康状態」を基本としているため，生活機能を低下させるものに妊

娠,高齢,ストレス等も含んでいる。

⑧問題点,その解決方法をこのモデルに基づいて整理・検討が行える。

そのために表1-1のような枠組みでそのレベルの内容が詳細に分類され,評価点が示されている。

表1-1 ICFの各レベルの内容分類と評価点

心身機能	精神機能,感覚機能と痛み,音声と発話の機能等8つに大別
身体構造	神経系の構造,目・耳および関連部位の構造等8つに大別
活動と参加	学習と知識の応用,一般的な課題と要求等9つに大別
環境因子	生産品と用具,支援と関係,サービス・制度・政策等5つに大別

3）ICF活用の意義

関係者がICF関連図（ICF関係図,ICF概念図ともいう）を作成していくことで以下のような意義がある。

①指導・支援のために「障害」という大きな領域の細分化・類別化
②障害者に対する障害理解の進展
③対象者の問題点と解決法,関係者の担当部分,活用できる機関等指導・支援の明確化,さらに個別の指導計画作成の基礎資料の明確化
④共通言語（ICF語）として活用することで関連機関の連携の強化・効率化
⑤家族の状況を環境因子として位置づけて考慮
⑥ICF関連図にはないが,障害者,家族の気持ち,考えといった心情（主観的障害）の明確化
⑦障害者,家族,担当者,さらに連携機関相互の情報の共有化

4）ICF関連図作成の留意点

ICF関連図作成の進め方や留意点を次にあげる。

①ICFによって対象者を評価することをコーディングといい,ICF関連図に基づき,コーディングの結果を図示してまとめる。
②必ずしもICF関連図の左から順に進める必要はなく,適切なところから開始してよい。したがって,「参加」から検討を始めていくことが必要な場合がある。「参加のためには活動はどうあるべきか,環境はどうあるべきか,個人は…」という進め方である。
③白紙にICF関連図の枠（白紙）を書き,そこに意見等の付箋を張っていく,

あるいは白板（黒板）に記入していき，さらにそれらをKJ法等でまとめるという方法がある。

④生活関連図，生活スケジュールの作成から始め，それをICF関連図へまとめるという方法がある。これはその障害者にかかわっている人たちの状況を整理することが必要でそのために行なう。

⑤記入量が多い場合は，ICF関連図が複雑になるため分割する。

⑥障害者・家族の気持ち・考えといった心情（主観的障害）も欄を設けて記入する。

⑦基本，基準，標準とされるものにあまりこだわらず，そのケースにとって最良，有効な方法でよい。したがって，独自性があってもよい。

⑧ICF関連図作成は，障害者の実態（気持ちを含む），付箋紙を「ICF関連図」のワークシートに分類，欠落している情報がないかどうかの確認，関連する事柄を矢印で結ぶ，生活全般の課題の検討といった順で行なう。

5）ICFの課題

1 環境因子　環境因子の課題として，環境に対する習熟度や，同様の環境でも状況が異なる場合によって活動制限が相違することの考慮がある。たとえば，視覚障害者（以降，序に記したように視覚障害児を含めて視覚障害者とする）では，環境の既知度，つまりその習熟度が活動制限に大きな影響を及ぼすからである。

2 主観的障害　主観的障害（上田，2006）に代表されるような，当事者の内面的，心理的な側面，つまり，障害受容，精神的な自立，自己決定権，エンパワメント（第2章参照），セルフ・エフィカシー（自己効力感，第3章参照），客観的な状態に対する満足度・認識度等に関することにも大きな力点を置く必要がある。ICFは客観的障害であり，それと対称的な主観的障害の必要性，さらに，自立との関連では，客観的には社会的自立，主観的には精神的自立の必要性が求められる。

2．視覚の生理・病理

ICFの機能障害である視覚の生理・病理についてふれる。

1）視覚器

眼は，眼球，視神経からなり，これに眼球付属器が加わって視覚器を構成している（図1-3，丸尾，2000をもとにしている）。眼球には，角膜，強膜，虹彩・毛様体・脈絡膜（この3つを合わせてぶどう膜という），網膜，水晶体，硝子体，房水等があり，眼球付属器には，眼瞼，涙器，結膜，眼筋，眼窩がある。

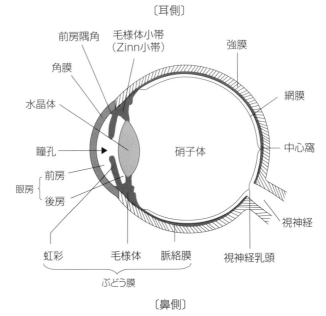

図1-3 眼球の水平断面図

2）視力

　視力とは，2点を2点として識別し得る最小の2点間の距離を測定して，これを視角で表わし，その逆数に比例する量として測定する。視力測定には，一般にランドルト環（図1-4）が使用され，直径7.5mm，隙間1.5mmの大きさの環を5m離れたところから見える視力を1.0と定められている（視角1分；1′）。視力の表わし方は，1.0→0.1→0.01となり，それより低くなると指の数が理解できる指数弁（眼前〇cm指数弁），次に，手の動きが理解できる手動弁（眼前〇cm手動弁），次に光だけが理解できる光覚弁（明暗弁），そして，まったく見えない「盲」（全盲）となる。

　なお，近見視力の測定は30cmの距離で実施される。また，読みを評価するものとして，最小可読視標（最大視認力）がある。これは一番見やすい距離でどの程度の大きさの視標が読めるかを調べるものである。乳幼児の視力検査（他覚的）では，PL（preferential looking）法としてのTAC（teller acuity card）が使用される。いずれも，縞模様と縞模様のない方では前者に視線を多く向けることから，視線が安定しなくなる縞の幅から概略的な視力を推定するものである。なお，中心視

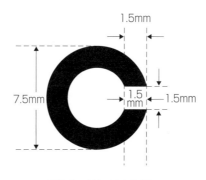

図1-4 ランドルト環

力に比べ中心外視力は極端に低く,中心窩から数度離れると視力（中心外視力）は半減する。

3）視野

視野は,ある1点を固視し,その眼が刺激の知覚可能な外界の広がりであり,どの程度まで見えるかを中心からの角度で表わす。測定には,ゴールドマン視野計や自動視野計が使用される。視野の異常には狭窄,暗点等がある。

また,正常視野に対して,見えなくなった部分（損失）がどの程度かを百分率で示した視能率でも表わす。視能率とは視野を8つの方向に分け,それぞれの正常角度を合計した560°（上60°,上外75°,外95°,外下80°,下70°,下内60°,内60°,内上60°）を基本とし,それに対してどれだけ見えているかを百分率で示したものである。したがって,たとえば,8つの方向すべてが10°であれば,14%（80÷560×100）が視能率で,86%（100-14）がその損失率となる。

4）視機能の発達

視機能は,生後1年の間に最も急速に発達するといわれる。生後4～5週目から単眼固視,6～8週目には両眼固視,両眼共同運動が起こる。3～5か月では意識的な固視ができはじめ,6か月には安定した輻輳が起こるが,この時期までに斜視や弱視（アンブリオピア,後述）が生起すると難治性が高いといわれる。立体視機能は3～7か月から発達しはじめ,6～8歳で種々の両眼視機能が安定する（丸尾,2004）。また,視野は5歳頃にほぼ成人と同程度に発達する（簗島・石田,2000）。

また,乳幼児で以下のような症状がみられるときは視覚障害の疑いがある。①眼の大きさ・形が異常,②瞳孔が白い,③まぶしがる,④明るい方へ眼を向けない,

⑤斜視がある，⑥眼振がある，⑦眼を細める，⑧テレビ等を近くで見る。

5）主な眼疾患

[1] **糖尿病網膜症**　膵臓から分泌されるインスリンの欠乏からくる糖代謝異常で，血液中の糖分が体内に吸収されずに尿とともに排泄されてしまう疾病である。その結果，口渇，多飲，多尿，倦怠感等がみられ，合併症として，網膜症，腎症，神経の障害（これらは3大合併症とよばれる）等がある。糖尿病では，食事前の空腹時等において空腹感，動悸，ひや汗等の症状が現われる低血糖に注意を要する。そのとき，砂糖を20～30gかジュースを飲むことによって改善するが，その後，医師に報告・相談をしておくことが必要である。

[2] **白内障**　水晶体が混濁することによって視力が低下していく疾患で，老人性白内障，糖尿病性白内障，先天性白内障等がある。

[3] **緑内障**　眼圧が上昇し，視神経が冒される疾患であるが，正常眼圧緑内障も報告されている。視野に障害が現われ，狭窄となって最終的に失明にいたる場合もある。

[4] **網膜色素変性（網膜色素変性症）**　3,000人から4,000人に1人くらいの割合で起きる遺伝性素因の疾患である。眼底が変性し，視野が徐々に狭くなって中心だけが残る求心性視野狭窄を起こし，夜盲となっていく。小学校時くらいから症状が出はじめることが多く，失明にいたる場合もある。また，聴覚障害，知的障害等と合併する場合がある。通常学校や特別支援学校で早期に児童生徒の夜盲等の影響による行動（歩行）の変化に気づいた場合は適切な対応が必要となる（芝田，2010，第8章参照）。

[5] **その他**　その他，ベーチェット病，黄斑変性，網膜剥離，未熟児網膜症，網膜芽細胞腫，視神経萎縮，白子症，病的近視（強度近視）等がある。

3．視覚障害の基礎事項

1）視覚障害とその範囲

　障害は，身体障害，知的障害，精神障害，発達障害の4つに大別されている。このうち，身体障害は，さらに，視覚障害，聴覚・言語障害，肢体不自由，内部障害（心臓，腎臓，呼吸器，ぼうこうまたは直腸等の機能障害）の4つに類別されている。視覚は，視力，視野，色覚，順応，両眼視，輻輳・開散，調節，眼球運動，眼圧等の機能に分類されるが，このうち，法律で定められた視力と視野の値を下回る場合を視覚障害とよぶ。

1 厚生労働省が定める視覚障害　厚生労働省が定める視覚障害の範囲は，身体障害者福祉法によって規定され，以下の視覚障害（矯正した状態）で永続するものとなっている。

　①両眼の視力がそれぞれ0.1以下のもの
　②一眼の視力が0.02以下，他眼の視力が0.6以下のもの
　③両眼の視野がそれぞれ10度以内のもの
　④両眼による視野の2分の1以上が欠けているもの

　身体障害者障害程度等級では，視覚障害を1級から6級（全体では7級）までの等級に分割している（表1-2）。

表1-2　身体障害者障害程度等級（視覚障害）

1級	両眼の視力（万国式視力表によって測ったものをいい，屈折異常のある者については，矯正視力について測ったものをいう。以下同じ）の和が0.01以下のもの
2級	1　両眼の視力の和が0.02以上0.04以下のもの 2　両眼の視野がそれぞれ10度以内でかつ両眼による視野について視能率による損失率が95％以上のもの
3級	1　両眼の視力の和が0.05以上0.08以下のもの 2　両眼の視野がそれぞれ10度以内でかつ両眼による視野について視能率による損失率が90％以上のもの
4級	1　両眼の視力の和が0.09以上0.12以下のもの 2　両眼の視野がそれぞれ10度以内のもの
5級	1　両眼の視力の和が0.13以上0.2以下のもの 2　両眼による視野の2分の1以上が欠けているもの
6級	一眼の視力が0.02以下，他眼の視力が0.6以下のもので，両眼の視力の和が0.2を超えるもの

注）同一の等級について2つの重複する障害がある場合は，1級上の級とする

　身体障害者福祉法では，身体障害者手帳の交付を受けた者を身体障害者と規定し，法に基づく福祉施策の対象としている。この手帳には，障害名，身体障害者障害程度等級等が記載されており，これに基づいて各種制度の利用が可能となる。

2 教育の対象となる視覚障害　教育の対象となる視覚障害は，学校教育法施行令第22条の3に，次のように規定されている。「両眼の視力がおおむね0.3未満のもの又は視力以外の視機能障害が高度のもののうち，拡大鏡等の使用によっても通常の文字，図形等の視覚による認識が不可能又は著しく困難な程度のもの。」

2）視覚障害児・者数

　視覚障害者は全国で31万人（身体障害者総数348万3,000人の8.9％）おり，そのうちの70.6％は60歳以上，49.4％は70歳以上で，高齢化がめだっている（2006年度厚生労働省調査）。また，等級別では，1級35.5％(11万人)，2級26.5％(8万2,000人)となっており，2つで過半数（62％）に達する。視覚障害児は全国で4,900人（身体障害児総数9万3,100人の5.3％）おり，等級別では，1級・2級合わせて75.5％(3,700人)となっている。一般に，1・2級は重度障害とされているが，視覚障害児・者には重度が多いというのが特徴である。現在，このような障害の高齢化，重度化と共に，視覚障害と知的障害等の重複化が顕著となっている。

3）全盲と弱視

　視覚障害者は，全盲者と程度の差はあれ多少とも見える弱視（ロービジョン）者に大別される。弱視には，医学的なものと社会的（教育・リハビリテーション）なものがある（第8章参照）。

1 医学的な弱視（アンブリオピア：amblyopia）　乳幼児の視力が発達していくためには，物を見るということが必要である。この視力が発達していく時期になんらかの原因で物をしっかり見ることができない状態となれば視力はその発達が抑制され，不十分な状態で停留する。これが医学的な弱視（アンブリオピア）で，斜視弱視，遠視性弱視，廃用性弱視等がある。

2 社会的な弱視（ロービジョン：low vision）　全盲以外でなんらかの保有視覚があり，それが多少でも使える状態で，アンブリオピアを含む他の疾患等による弱視である。社会的な弱視の範囲は非常に広いものであり，重度から軽度までその見え方（視覚）はさまざまである。ロービジョンといわれ，アンブリオピアとの混乱を防ぐためには弱視よりこの表現が望ましい。

4）通常化させたい「視覚障害」という名称

　障害理解については，第12章で論じるが，社会には視覚障害者の活動能力を適切に理解していく姿勢が求められる。その1つとして視野障害や弱視への理解を高めるために「視覚障害」という名称のみを通常化することが必要である。それは，視覚障害は視力障害とよばれることがあるが，障害は視力だけではなく，視野にも及ぶこと，また，盲人，失明者といわれることがあるが，これらの名称は全盲者をさし，弱視者は含まれないことからである。なお，目の不自由でない者を晴眼者（正眼者）という。

4．視覚障害者に対する誤解
1）社会における誤解

社会の視覚障害者に対するネガティブなイメージが指摘されているが（河内，1990；Monbeck，1973），以下のような不十分な理解を含む誤解や先入観がみられる。

①視覚障害者はすべて全盲である。→弱視者も存在する（上記）。

②視覚障害と視力障害は同意語である。→視野の障害もあり，それが重篤であるため，視力障害ではなく視覚障害を使用する（上記）。

③暗い，陰鬱な感じである。→先入観であり，誤ったイメージである。

④かわいそうな思いやりの対象である。→必ずしも憐憫等の対象ではない。

⑤性格や考え方は視覚障害のせいである。→性格と障害は関係がない。

⑥個人差はなく，すべて同じである。→個人差があり多様である（後述）。

⑦カンが鋭く，聴覚が鋭敏である。→これは視覚障害者の経験や努力によって身についた知覚（能力）である（後述）。社会はそこに神秘性を思いがちである。

⑧能力は低く，あまり発揮できない。→高い能力を発揮する視覚障害者は多い。

⑨職業は理療（あんま・マッサージ・指圧，鍼，灸）で，他の就労は困難である。→他業種へも就労しているが，職種の増加は課題である（第2章参照）。

⑩白杖は全盲者だけが保持する。→弱視者も保持する（第5章参照）。

⑪視覚障害者誘導用ブロックがあれば単独で歩ける。→そうとは限らない。これは補助具であり，歩行訓練と社会の援助は欠かせない（第5章参照）。

⑫店内等での盲導犬との同伴はよくない。→身体障害者補助犬法によって盲導犬との同伴は認められている（第5章参照）。

⑬視覚障害者は全員点字を使用する。→使用する人は多くない（第6章参照）。

⑭援助が常に必要で，援助をする場合は手を引っ張る，後ろから押すとよい。→援助が不要な状況もあり，必要なときは当事者に尋ねる（第12章参照）。

⑮視覚障害者は応対が難しいから介助者に対応する。→視覚障害者による応対は十分可能である。

⑯点字で表示・説明があれば援助は不要である。→そうとは限らない。

このような誤解や先入観にいたるのは，優位な感覚である視覚を失うことは心理的，活動的，社会的に大きな喪失であり，それからの回復は困難であると考えられること，および視覚障害が理解しづらい障害であることが大きな理由である。視覚障害者には，生活における「できる」「できにくい，できない」の程度とその内

容,さらにその状況よって千差万別で,「できにくい,できない」ことが多い人もいれば,結果としてほとんどのことが「できる」状態になっている人もいる。また,ある状態では「できる」が,別の状態になると「できにくい,できない」という人もいる。その状況を反映して,社会はその障害を等身大に理解できず,視覚障害者に対する考えやイメージは,「ほとんど何もできない」と「健常者には理解できない神秘的な能力をもっている」に集約される傾向となるのである。

2）メディアにおける誤解

テレビや映画といったメディアでは次のような社会の誤解をまねく極端な視覚障害者像が描かれることがある（芝田,1988,2003）。

①屋内では手を不自然に前に出してたよりなく探りながら歩く。
②「手引き」をされず,抱えられたり手を引っ張られたりする。
③杖を持っていても保持しているだけ。あるいは,基本的な白杖操作などは行なわず,単に足元をコツコツとたたくだけ。
④とくにつまずきそうな物がないのに転ぶ。
⑤色の濃いサングラスをかける。
⑥視線は固定されていて顔の向きは不自然な方向を向いている。
⑦不用意に手だけでものを探る。

3）専門領域における誤解

特別支援学校・通常学校から大学までを含む教育・リハビリテーション,障害者福祉,医療,行政といった専門領域にみられる誤解をあげる。

①特別支援教育と障害者のリハビリテーションは異なっている。→特別支援教育は障害者のリハビリテーションの1つに位置づけられる（第2章参照）。
②リハビリテーションは成人の中途視覚障害者が対象である。→視覚障害児や先天視覚障害者も対象でハビリテーションといわれ,視覚障害者リハビリテーション施設は多くの視覚特別支援学校卒業者も利用している（第2章参照）。
③視覚障害者の未知地域と既知地域での活動制限はあまり異ならない。→大きく異なり,そのためにファミリアリゼーション（familiarization；未知状態を既知状態にすること）が必要である（第4章,第7章参照）。
④歩行訓練とは白杖操作など運動的な指導である。→白杖操作だけでなく,地図的操作,環境認知といった定位の指導も必要である（第4章,第5章参照）。
⑤歩行訓練士は図書による独習や学校内の研修で容易に養成できる。→歩行訓練士は高い専門性が必要で適切な機関でないと養成できない（第4章,第5章参

照)。
⑥視覚特別支援学校に歩行訓練士の配置はとくに必要ない。→すべての視覚特別支援学校に多数の歩行訓練士の配置が必要である(第4章,第5章参照)。
⑦視覚障害者誘導用ブロックや音響信号の普及が歩行を可能にする。→歩行訓練がまず必要で,次に社会の障害理解,視覚障害者誘導用ブロックや音響信号はその次に大切なものとなる(第4章,第5章参照)。
⑧視覚障害者誘導用ブロックの現状はとくに問題はない。→国土交通省の指針を含め多くの問題点があり,改善が必要である(第5章参照)。
⑨点字の指導は従来から行なわれている方法でよい。→視覚障害者が主体であるため,各個人の能力等に適した指導方法を案出して実施する(第4章,第6章参照)。
⑩弱視児は教室の明るい窓側で前方の座席がよい。→見え方は一人ひとり異なり,各個人に適した座席がある(第8章参照)。
⑪視覚障害の歩行(手引き)による疑似障害体験は怖さと困難性の体験でよい。→恐怖・不安を除いた後の体験および困難性だけでなく可能性の体験が大切である(第11章参照)。
⑫障害理解の教育や社会啓発はそれほど大切ではない。→非常に大切で実施しなければならない(第12章参照)。
⑬現行の道路交通法には大きな問題点はない。→信号,横断歩道など問題点,改善点は非常に多い(第12章参照)。

5. 視覚障害の意味

1) 視覚障害者の活動制限

　視覚障害者が不自由を感じるもの,つまり,活動制限(ICF)の大きなものは歩行(定位と移動)と読み書きを主体とするコミュニケーション,つまり情報に集約される。これにより視覚障害は歩行と情報の障害といわれるが,それは,障害者権利条約でも取り扱われ,さらに視覚障害者リハビリテーション施設入所を希望する中途視覚障害者や視覚特別支援学校卒業者の大多数がその動機(ニーズ)としてこの2点をあげていることからもわかる(芝田,2014)。

2) 生活的社会的な障害と社会適応訓練

　視覚障害者の活動制限は,上記の2つに日常生活動作(ADL)を加えた生活全般にわたるものとなり,それが参加制約にも結びつくことから視覚障害は生活的社

会的な障害である。この生活的社会的な障害に対処し，その活動制限と参加制約を低減するために必要となるのが社会適応訓練（社会適応となっているが，生活的な適応も含まれる）で，これによって習得がめざされるのは社会適応能力とそれに必要な基礎的能力である。社会適応訓練は，視覚障害リハビリテーションの根幹であり，視覚特別支援学校では自立活動が中心だが，その他の科目でも指導され，視覚障害者リハビリテーション施設では生活訓練として指導される（第2章，第4章参照）。ただ，社会適応訓練の社会適応は，障害者が生活的社会的に適応するという意味ではあるが，社会にも障害者に適応していくという相互適応の姿勢が背景にあることは障害理解の点から認識しておきたい（第12章参照）。

3）活動制限の多様性

ICFの機能障害である「見えない」ことによって生起する活動制限（換言すれば活動能力）が多様であり，個人差が非常に大きいというのが視覚障害の特徴である（芝田，1996, 1997）。つまり，「できること」（活動能力）と，「できにくいこと，できないこと」（活動制限）の個人差が非常に大きいのである。この「できること」を教育・リハビリテーションサイドからいうと，「できないもののうち学習（教育・訓練受講，習慣化，創意工夫，共用品の利用等）によって何ができるようになるのか」ということになる。したがって，「できにくいこと，できないこと」は，「学習によっても何ができにくいのか，できないのか」を意味している。

一般的に，視覚障害となっても「できること」は数多くある。つまり，学習によって多くのことに関する活動能力を獲得する可能性がある。また，「できにくいこと，できないこと」は社会の援助の対象となるものであり，これによって活動能力が獲得できる。ただ，相対的に多くの「できること」を獲得している人がいる反面，「できにくいこと，できないこと」が多い人もおり，その個人差は多様である。

4）活動能力の多様性を示す要因

視覚障害者の活動能力の多様性を示す要因には，①視覚，②基礎的能力，③社会適応訓練の受講，④環境・機器の難易度，⑤未知・既知の5つがあり，それぞれどの程度か，どのレベルかによって活動能力・活動制限が左右される（芝田，2011）。

①視覚　総合的に言えば全盲か弱視か，つまり，どの程度保有視覚が有効かということである。全盲と弱視ではその活動制限は非常に異なっている。また，弱視ではその視覚の程度によってさまざまで，さらに，一人の弱視者でも明るさの程度，文字の大きさ，コントラスト等，環境の状態で見えたり見えなかったりする（第8章参照）。弱視者には，全盲者とは異なった活動制限，つまり不自由さがあり，活動

制限の状態を全盲者と晴眼者との中間に位置づけて把握するのは誤りである。

2 基礎的能力　基礎的能力は，知識，感覚・知覚，運動，社会性，心理的課題の5つがある（第4章参照）。①障害を負う以前の状態，②障害を負った年齢，③負ってからの期間，④現在までの視覚の程度等が基礎的能力に影響を及ぼす（芝田，2011）。また，障害を負ってから現在までにどのような基礎的能力を獲得しているかも要因となる。

3 社会適応訓練の受講　社会適応訓練は，歩行（定位と移動），コミュニケーション，日常生活動作の3つであるが（第4章参照），その程度，およびそれを習得・向上させるために，視覚障害教育・リハビリテーションを受講したかどうか，その内容，程度はどうかということが要因となる。

4 環境・機器の難易度　社会適応能力の程度とも関連するが，行動環境や使用機器の難易度によって活動能力は左右される。

5 未知と既知　視覚障害者にとってその事態がファミリアリゼーション等によって既知であれば高い活動能力を発揮できる。つまり，未知か既知かで活動能力は大きく異なる。さらに，既知であってそのことがらや行動に関する記憶や習慣化の程度によっても活動能力は影響を受ける。したがって，一般には難易度が高いと思われる環境や機器であってもそれに対して動き慣れ，使い慣れておれば高い活動能力を発揮することができる。また，既知状態の事物を他者が勝手に他の場所へ移動させてしまうとそれは未知状態となり，活動制限となる。

5）視覚障害者，専門領域関係者における理解

視覚障害になったとき，あるいはしばらくは，精神的ショックもあいまって視覚障害者本人でさえも自分の活動能力に対する理解は困難である。さらに，その状態が多様であるために，また他の視覚障害者の行動が見えないために，ある視覚障害者が，他の視覚障害者の活動能力を理解することは容易ではない。さらに，専門領域関係者であっても視覚障害者の一般的な活動能力の理解は難しい。そのため，視覚障害者，専門領域関係者でさえも，活動能力を一般的，客観的に理解し，その多様性，具体例を理解するための学術的，臨床的な学習や努力は不可欠である。

6）キャロルの20の喪失

視覚障害の意味を総合的に分析したものが「キャロルの20の喪失」である（Carroll, 1961）。神父であるキャロル（T. J. Carroll）は，視覚障害によって心理的，活動的，社会的なあらゆる面から20のものが喪失するとし，さらに，喪失したものは，教育・リハビリテーションによって再獲得できるとも述べ，その重要性を指摘

表1-3 キャロルの20の喪失

1　心理的安定に関連する基本的な喪失（5項目）
①身体的完全さの喪失
②保有感覚に対する自信の喪失
③環境との現実的な接触能力の喪失
④視覚的光景の喪失
⑤明るさによる安心感の喪失

2　基本的生活技術における喪失（2項目）
⑥移動能力の喪失
⑦日常生活動作の喪失

3　コミュニケーションにおける喪失（3項目）
⑧文書的コミュニケーションの容易さの喪失
⑨会話的コミュニケーションの容易さの喪失
⑩情報の経過を知ることの喪失

4　鑑賞における喪失（2項目）
⑪視覚的に楽しみを感じることの喪失
⑫視覚的に美しさを感じることの喪失

5　職業・経済状況に関する喪失（3項目）
⑬レクリエーションの喪失
⑭職業的経歴・就業の機会の喪失
⑮経済的安定の喪失

6　結果として全人格に生じる喪失（5項目）
⑯自立心の喪失
⑰人並みの社会的存在であることの喪失
⑱めだたない存在であることの喪失
⑲自己評価の喪失
⑳全人格構造の喪失

注）2と3は社会適応能力を意味し，⑥は歩行（定位と移動）を意味している。

している（表1-3）。この「20の喪失」はその後の社会適応能力（3つ），基礎的能力（5つ），自立活動（6つ）の内容に影響を与えると共に，ICFによる視覚障害の検討に役立つものである。

7）感覚・知覚の再構成

　ヒトは視覚優位の動物であるため，視覚によって受容する情報は膨大で視覚を中心に感覚が構成されている。そのために活動制限（活動能力）における個人差が大

きく，多様となるのである。視覚障害（主に中途視覚障害で全盲の場合）では，その優位であった視覚が欠如することになるので，視覚障害教育・リハビリテーションでの指導にはそれまで優位ではなかった他の諸感覚・知覚を再構成する意味が含まれている。また，障害を受ける以前，すなわち晴眼時にすでに多くの能力（基礎的能力）が獲得されているので，指導にはこれらをベースとし，そこに新たな能力（社会適応能力）を付加して新しい行動様式の再構成を行なうという意味が包含されている（芝田，1986）。したがって，感覚と行動様式の再構成を行ない，それによって新たな活動能力を得，参加制約の低減化により参加を現実化することが視覚障害教育・リハビリテーションである。先述のキャロルも同様のことを述べている。

なお，視覚障害児の場合は，中途視覚障害者における再構成とは異なり，一から行動様式を構成していくことが主になる。

第2章 視覚障害の教育とリハビリテーション

1．支援という用語

リハビリテーションでしばしば使用され，「特別支援教育」という名称にもみられる「支援」という用語について解説しておきたい。

1）指導・訓練と介助・援助の相違点

指導・訓練と介助・援助は基本的に相違している。まず，指導・訓練は，障害者のニーズ達成を目標に障害者自身がその活動能力を向上させようとするために実施されるもので，これは教育・リハビリテーションに含まれる。一方，介助・援助は，障害者のニーズ達成を目標に周囲が障害者に対して必要なことを実施するもので，これは福祉に含まれる。

2）支援の意味と指導・訓練

支援という用語が登場してきたのは比較的最近のことで，これは，教育・リハビリテーション的な色彩の濃い指導・訓練と福祉的な色彩の濃い介助・援助といういわば対極にある両面の意味を含んで使用されている。しかし，支援は意味的に指導・訓練とは相違したものである。支援の「支」は支えるという意味であり，「援」という字は援助を意味する。また，これをカタカナ（英語）に変えると「サポート」となり，スポーツの応援団であるサポーターがこれに相当し，選手に対して直接指導・訓練を意味する「コーチング」とは異なっている。

支援に指導・訓練的な意味合いがもたれるのは，とくに「訓練」にあまりよいイメージがなく，排除したいとする偏った意見があるからである。訓練という用語には，「きびしい」「過酷」，あるいは極論すれば「理不尽」ともとられるようなネガティブなイメージをもたれる嫌いがあるが，リハビリテーションにおける訓練は決してそのようなものではない（芝田，2012）。しかし，訓練という用語を席巻するように支援という用語が登場してきた背景として，障害者に対する教育・リハビリテーションには指導・訓練と介助・援助が混在しているからという理由以外に，この訓練に対するネガティブなイメージが原因であることは否定できない。

3）支援と指導者の責任性

　用語はそれを使用し，それを実施する人（教員等指導者）の問題であり，用語そのものは無機的なものである。したがって，名称が支援という介助・援助的なある意味不透明な用語ではあっても，教育・リハビリテーションにおいては，①障害者が主体であること，②そのニーズに基づくこと，③障害者の能力向上を目的とすること，④指導者がその指導・訓練（支援）に責任をもち，誠実かつ真摯に指導・訓練（支援）に取り組むこと，⑤指導者が自分自身を向上させる努力を怠らないようにすること等，指導者としての責任性や本来，指導・訓練がもっている意味・目的は維持されなければならないことは言うまでもない。つまり，支援となってはいても，指導者としての責任性をないがしろにすることを容認するような意味にとらえられてはならない。

4）支援と指導・訓練

　障害者に対する支援という用語には，指導・訓練と介助・援助の両者を総合したものを意味するものとして使用されていることを念頭に置く必要がある。したがって，指導・訓練が大きな比重を占める場合では単なる「支援」ではなく，「指導・支援」とすることが欠かせない。以上のように，混乱を招く支援という用語の使用には留意と慎重さが必要である。ちなみに，特別支援教育の英訳は"special needs education"（特別ニーズ教育）であって直訳的な"special support education"では通用せず，誤りである。1994年のサラマンカ宣言は「特別ニーズ教育に関する世界会議」で採択されているが，この"special needs education"の和訳が特別支援教育とされているわけで，この点混乱のないようにしたい。

2．リハビリテーションとハビリテーション

　リハビリテーションとわが国にはややなじみの薄いハビリテーション（芝田，2014）について論じる。

1）リハビリテーションの語源・意味

　障害者のリハビリテーション（rehabilitation）は，第一次世界大戦による戦傷者の戦線復帰や原職復帰を含む就労を目的としてアメリカにおいて開始された。それは身体障害者の機能回復訓練や職業訓練などが目的であった。

　ヨーロッパでは，教会や領主によって破門，地位剥奪をされることは名誉や人権の剥奪を意味し，そのために「カノッサの屈辱」（1077年，教皇グレゴリウス7世に破門された神聖ローマ帝国皇帝ハインリヒ4世が屈辱的な謝罪をして破門を解除

される）というような事態が起きるのだが，それが許されて復権，名誉回復することをリハビリテーションといった。つまり，人間であることの権利・尊厳が否定され，人間社会から阻害された者が復権することで，「ジャンヌ・ダルクのリハビリテーション」等に代表される。わが国では，太平洋戦争後からリハビリテーションが用語として用いられはじめた。

　"rehabilitation" の "re" は「再び，もとへ」の意味で，"habilitation" "habilitate" はラテン語の "habere" "habil（持つ，手を使う）" や，"habilitare（適する，能力をもつ）"，から派生した語で，英語の "handy（便利な，器用な，扱いやすい）"，"apt（適当な，適切な）"，"fit（適応した）" という語に由来し，英語の "able（能力がある，〜ができる）"，"ability（能力）" もこのラテン語 "habil" に由来している。ちなみに，"habere" と英語の "have" には関連性はない（寺澤，2008）。これらのことから，リハビリテーションは「再び能力を獲得する（to make able again）」，「再び適応する（refit, to make fit again）」という意味となる。

2）障害者のリハビリテーションとハビリテーション

　"habilitation" は一般的に「教育する，資格を取得する」を意味するが，障害者のリハビリテーションでは，生活的社会的に適応している状態（十分な活動と参加）である「社会適応」（生活的な適応も含む）を意味する。つまり，"rehabilitation" は，社会適応をしている状態から障害（機能障害）によって不適応な状態（活動制限と参加制約）になった者が「再び社会適応をする」ことである。したがって，先天かあるいは幼少より障害を負っている者に対してはリハビリテーションではなく，一から社会適応をするハビリテーション（habilitation）となる。なお，この「社会」とは ICF の「参加」の対象となっている家庭も含まれている。

3）ハビリテーションの認識

　障害者に対して用いる場合，リハビリテーションは後天的な中途障害者が対象であり，ハビリテーションは先天かあるいは幼少より障害を負っている者が対象である。これはアメリカ等では一般化している概念だが，ハビリテーションは総称的にリハビリテーションに含まれている。大局的に言えば，視覚障害においてリハビリテーションは視覚障害者リハビリテーション施設で実施される生活訓練に相当し，ハビリテーションは視覚特別支援学校で実施される自立活動等の教育に相当する。「リハビリテーションの対象は中途障害者」というすでに定着している認識だけでなく，障害者権利条約（第26条）にもその必要性が明記されているように，ハビリテーションの認識も一般化させる必要がある（芝田，2014）。

4）リハビリテーションの定義・理念

　国連が1982年に発表した「障害者に関する世界行動計画」でのリハビリテーションの定義は，「身体的，精神的，かつまた社会的に最も適した機能水準の達成を可能とすることによって，各個人が自らの人生を変革していくための手段を提供していくことをめざし，かつ，時間を限定したプロセスである」であり，時間を限定したプロセスを強調している。また，上田（1983）はリハビリテーションは障害者が人間らしく生きる権利の回復とし，全人間的復権であるとしている。この「全人間的復権」はリハビリテーションの重要なキーワードであるが，それに加えて「その人に応じた，あるいはその人らしい自立と参加を可能にすること」がリハビリテーションの理念である。

　したがって，リハビリテーションは，障害者・高齢者の運動的な機能回復や障害者の活動能力回復，経済的自立という狭義のものだけではなく，ノーマライゼーションや QOL の理念に基づく広義のものとして認識されることが大切である。

5）リハビリテーションと福祉

　リハビリテーションは，個人の目標達成のために医療，教育，福祉等を包含し，時間（期間）を限定して実施されるものである。ただし，重度・重複障害や高齢の場合等，生涯継続されるケース，障害の程度や健康状態等によって複数回実施されるケースも考えられる。一方，福祉は，リハビリテーションが実施されているときはもちろん，その開始前，終了後にも必要に応じて遂行され，障害を負ってから生涯継続して行なわれるもので，リハビリテーションとは異なった領域である。

6）リハビリテーションの内容と特別支援教育

　視覚障害や肢体不自由等のリハビリテーションの一般的な内容は以下の①～④の4つであるが，芝田（2001）はこの4つを支えるものとして，⑤心理リハビリテーションを位置づけている。

　①医学リハビリテーション
　②教育リハビリテーション
　③職業リハビリテーション
　④社会リハビリテーション
　⑤心理リハビリテーション

　リハビリテーションに教育リハビリテーションが含まれていること，ハビリテーションという概念があることからわかるように特別支援教育はリハビリテーションに含まれており，欧米ではこれが一般的である。したがって，教育リハビリテー

ションには特別支援教育が位置づけられることになる。しかし，視覚障害を含むすべての障害に対する特別支援教育を詳細にみると，教育リハビリテーションのみならず，各リハビリテーションに位置づけられる（表2-1，芝田，2014）。

表2-1　リハビリテーションと特別支援教育の相互関係

リハビリテーション	特別支援教育（教科等）
医学リハビリテーション	機能訓練，ロービジョンケア
教育リハビリテーション	教科教育
職業リハビリテーション	進路指導，職業教育，キャリア教育，現場実習，道徳
社会リハビリテーション	自立活動，給食指導，寄宿舎指導，キャリア教育，道徳，レクリエーション，（技術・家庭，体育）
心理リハビリテーション	生徒指導，スクールカウンセリング，自立活動，道徳

注）①総合的な学習時間，特別活動は，すべてのリハビリテーションと関係する。②機能訓練は主に肢体不自由の場合，ロービジョンケアは視覚障害の場合だが，ロービジョンケアは医療機関での実施が主体である（第8章参照）。③自立活動，キャリア教育，道徳は複数のリハビリテーションと関係する。④（　）内にある技術・家庭，体育は教科だが，社会リハビリテーションとも関係する。

　リハビリテーションは厚生労働省，特別支援教育は文部科学省というように省庁間の分化が強い傾向にあるため教員養成系大学，教育委員会，特別支援学校等の特別支援教育領域では，特別支援教育とリハビリテーションを完全に区別する傾向にあるが，障害児・者のニーズ達成のために両者は連携という枠組みを踏まえた密接な関係にあることが認識されなければならない。視覚障害領域では，特殊教育の時代から一部の盲学校（現在の視覚特別支援学校等）と視覚障害者リハビリテーション施設は，視覚障害者の社会適応に関して共に連携・協働を進めてきた経緯がある。特別支援教育となってもその連携は，内容的な充実によってさらに推進されている（芝田，2012）。

　その他，医学リハビリテーションには主に医療機関で実施されるロービジョンケア（第8章参照）が，社会リハビリテーションには特別支援教育における自立活動や視覚障害リハビリテーションにおける生活訓練として実施される社会適応訓練（第4章参照）が位置づけられる。職業リハビリテーションについては後述する。

7）2種類のリハビリテーション

リハビリテーションには，本来保持している機能を回復する方法と代替の機能を獲得する方法の2つがある。

1 **本来の機能回復**　指導・訓練や補助具の使用により本来の機能を回復することである。たとえば，指導・訓練で動きにくくなっている関節をスムーズに動かすようにすることや，補助具の使用（肢体不自由における杖を使用して歩く，弱視におけるルーペを使用して読む，聴覚障害における補聴器を使用して聞く）等がある。一般的に医療機関におけるリハビリテーションはこの機能回復を中心とする方法で実施される。

2 **代替機能の獲得**　指導・訓練や補助具の使用により代替の機能を獲得して本来の機能と同様の機能を駆使することである。この方法において全盲の本来の機能とは視覚であり，代替の機能とはその他の感覚となる。たとえば，触覚によって点字を読むこと，白杖等を使用し，聴覚・運動感覚等によって歩行（定位と移動）することがある。

3 **リハビリテーションと参加制約**　本来の機能回復のリハビリテーションで，たとえば，骨折完治後の運動機能の回復等補助具を使用せずに本来の機能を完全に回復した場合は障害者とはならない。したがって，社会への参加制約は皆無である。補助具を使用する場合は，本来の機能回復であれ，代替機能の獲得であれ，リハビリテーションによって活動能力を習得しても，社会への参加制約は次の課題として残存することになるため，社会における適切な障害理解が欠かせない。

8）教育・リハビリテーションのあり方と障害者の主体性

教育・リハビリテーションは個々の障害者のニーズがあるために存在し，それに応じて理念，内容，方法等が変容していくものである。また，障害者に対して教育・リハビリテーションの時期，内容等について家族，関係者による情報・選択肢の提供・提案は不可欠だが，最終的な選択・決定は障害者の主体性が尊重され，自身の意思によってなされなければならない。

3．関連用語

リハビリテーション・ハビリテーションと特別支援教育に関連するキーワードを取り上げる。

1 **ノーマライゼーション**（normalization）　障害者が通常（ノーマル）と変わることのない生活をし，権利を享受できることが通常であり，さらに障害者が社会に存

在していることが通常であるという考え方とそれを実現するための方法。英語ではノーマル（normal）は平均的，つまりマジョリティを意味し，アブノーマル（abnormal）はマイノリティを意味するため，英語圏で障害者をアブノーマルと表現することがある。そのため，ノーマルを正常，アブノーマルを異常とするのは，障害理解の面からは適切な訳語ではない。

2 **平等**　平等には以下があるが，アメリカでは機会の平等と実質的平等を保障している。
　①機会の平等と結果の平等：ⅰ機会の平等（機会はすべての人に平等に保障），ⅱ結果の平等（すべての人に同じレベルの結果を保障）
　②実質的平等と形式的平等：ⅰ実質的平等（条件の異なる人には同等の条件になるようルールを改変），ⅱ形式的平等（条件の異なる人にも同じルールを適用）

3 **共生社会**　障害者等が積極的に参加・貢献でき，誰もが相互に人格と個性を尊重し支え合い，人々の多様なあり方を相互に認め合える全員参加型の社会。文部科学省は，わが国において最も積極的に取り組むべき重要な課題としている。この実践には障害理解が主要な理念となり，その教育と社会啓発は欠かせない。

4 **インクルーシブ教育**（inclusive education）　障害のある者と障害のない者が共に学ぶ仕組みをさし，そのためには自己の生活する地域において初等中等教育の機会が与えられること，個人に必要な合理的配慮が提供されることが必要（障害者権利条約第24条）である。「共に学ぶ仕組み」とは単に教育の場を共にするだけでなく，ノーマライゼーション，共生社会，障害理解といった理念の基に平等でノーマルな教育的仕組みを意味する。したがって，障害児が通常学校（通常学級）で教育を受けることだけに焦点化するのではなく，特別支援学校も含めてその児童生徒にふさわしい教育が受けられる状態を意味する。

5 **障害理解**　適切な人間理解を基礎として障害と障害者に対する差別的でなく，健常者と同等のノーマルな認識と理解を意味する。この人間理解の基本は，障害児・者を含むあらゆる人に対する「個人の尊重」，つまり，「個々の違いを認める」という人としての相互容認である基本的な理解である（第12章参照）。

6 **バリアフリー**（barrier free）　バリア（障壁）には心理的，物理的，情報的，制度的，社会的，経済的等があるが，このバリアのある環境におけるバリアの除去。

7 **ユニバーサルデザイン**（universal design）　もとからバリアのないすべての人々が使用しやすい環境・製品。バリアのある環境を対象とするバリアフリーとは異なる。

⑧**合理的配慮**（reasonable accommodation）　障害者の日常・社会生活，教育，就労等において人権，基本的自由，自立を享有・行使できるようバリアとなる社会的な障壁を取り除くための配慮や措置。バリアフリーやユニバーサルデザイン等も含んだ総合的な概念。障害者権利条約にも明記されている。

⑨**自立**（independence）　「その人らしい自立」が主要理念。自立には精神的自立，身辺管理的自立，生活的自立，社会的自立，経済的自立等という様相があり，QOLや自己決定と関連が深い。精神的自立を主張したものに自立生活運動（IL運動；independent living）があり，これは1960年代からアメリカで始まった重度障害者が健常者と同様の生活保障を求めるものである。

⑩**QOL**（quality of life）　快適な人生を楽しむ生存の条件を量の問題だけでなく，質の問題としてとらえること。QOL（生活の質）的な幸福には，心身の健康，精神的安定，他者からの尊重，良好な人間関係，生きがい，やりがいのある仕事といったものがある。

⑪**ウェル・ビーイング**（well being）　WHOの憲章に示されているもので，心身の健康や幸福を意味する。

⑫**自己決定**（self-determination）　人生や生活のあり方を自らの意思で決定することで，その権利を自己決定権という。障害者の場合，その自己決定が支援者の責任放棄とならないよう自己決定と支援者の責務のバランスが大切で，さらに支援者による選択肢の収集と提示は不可欠である。自己決定にいたる過程として，障害児の主体性（学習指導要領に明記），自己主張，自己理解，自己選択が重要で，さらに障害児が「No」と否定できる自立性も重要である（平田，2002）。

⑬**エンパワメント**（empowerment）　自分自身の内側から湧き出る力に目を向け，それをよび覚まそうとすること。障害者に備わっている高い能力を引き出し，開花させること。

⑭**ピア・カウンセリング**（peer counseling）　ピアは「仲間」という意味で，なんらかの共通点（同じような環境や悩み）をもつ，または経験したグループ間で，対等な立場で同じ仲間として行なわれるカウンセリング。障害の分野では，障害者が障害者に対するカウンセリングをさす。

⑮**アドボカシー**（advocacy）　権利擁護のことで，自ら自己の権利を充分に行使することのできない者に代わってその権利等を支援すること。

4．視覚障害教育

　わが国の障害児教育は，1878（明治11）年小学校教員古河太四郎らによって京都府立盲唖院が設立され，その後，1880（明治13）年フォールズ（H. Faulds）らによって東京に楽善会訓盲院が設立されるのが端緒である。

1）特別支援教育

　2007年特殊教育は特別支援教育へと改変されたが，それに先立って文部科学省は，2003年「今後の特別支援教育の在り方について（最終報告）」を公表した。以下はその主要な点である。

①障害の程度に応じ特別の場で指導を行う特殊教育から障害のある児童生徒一人ひとりの教育的ニーズに応じて適切な教育的支援を行う特別支援教育へ転換

②その対象に注意欠陥多動性障害（ADHD：attention deficit hyperactivity disorder），学習障害（LD：learning disability），高機能自閉症などの発達障害を加える

③個別の教育支援計画の策定

④特別支援教育コーディネーター（連絡調整のキーパーソン）の設置

⑤盲，ろう，養護学校を特別支援学校とし，地域の特別支援教育センター的役割を担う

　この最終報告の中の「一人ひとりの教育的ニーズに応じて適切な教育的支援を行う」ことや「個別の教育支援計画の策定」については，明文化されたことが重要なのであって，これらは最終報告が公表された2003年以前から，極端にいえば特殊教育の黎明期から教員によってすでに実践されている点に留意が必要である。したがって，特別支援教育となって2003年からようやく開始されたという誤った判断にならないようにしなければならない。

　特別支援教育に基本として理解しておきたい事項を次にあげる。

①特別支援教育の理解には，まずそれ以前の特殊教育をしっかり認識しておくことが重要である。特別支援教育は特殊教育からある程度の進展はしてきたが，まだ十分とはいえず，今後さらに充実，改善させる。

②発達障害は充実させなければならない領域だが，一方で「特別支援教育＝発達障害の教育」と認識されがちであり，これは偏った視点である。発達障害に従来の視覚障害，聴覚・言語障害，知的障害，肢体不自由，病弱・虚弱の5つの障害をも含めて特別支援教育と認識する。

③児童生徒が主体であり，究極はそのQOLとウェル・ビーイングの検討を念頭

に置く。とくに重度・重複障害の場合は重要視する。

2）視覚特別支援学校

　視覚障害教育は主に視覚特別支援学校（以降，盲学校等を含む）で実施され，単一障害にはいわゆる「準ずる教育」（学校教育法第77条）が，知的障害などとの重複障害には「合わせた教育」が実施される。視覚特別支援学校の一般的な組織は幼稚部，小学部，中学部，高等部，寄宿舎からなり，特別支援教育コーディネーターが配置され，就学相談や他校の児童生徒に対して相談・指導・支援が行なわれる。また，視覚に障害があるため行動的な安全性の確保を含む危機管理は大事である。視覚特別支援学校は全国に約70校しかなく，ほとんどの県では１校であり，在籍児童生徒数は約3,000名で減少傾向にある。通常の教科以外に自立活動という科目が設けられ，視覚障害教育では大きな柱となっている（第４章参照）。

　視覚障害者の職業の代表的なものに，あんま・マッサージ・指圧，鍼，灸のいわゆる理療（あはき）があるが，これらの教育は視覚特別支援学校の高等部保健理療科，および専攻科で実施している（国家試験の受験が必要）。そのため，中途視覚障害者（成人）も視覚特別支援学校に多く在籍している。その他，音楽科，理学療法科，情報処理科，生活技能科等を設置しているところもある。

3）その他における教育

　一部の小・中学校の中に弱視児のために設置されている特別支援学級（弱視学級）や通常学級（認定就学者）でも指導が行なわれる。通常学級では，自立活動や教科の補充などの指導が自校や他校（視覚特別支援学校に設置されている教室等）においても行なわれ，通級による指導といわれる。また，視覚特別支援学校が通常学校と授業等での交流教育（交流および共同学習）も実施される。大学には点字受験を認めているところが増加しており，大学に進学する視覚障害者も数多い。

4）視覚特別支援学校と視覚障害者リハビリテーション施設

　主に成人を対象としている視覚障害者リハビリテーション施設では，教育でいう教科学習は不要であるため，自立活動に相当する生活訓練が中心となっている。なお，視覚障害者リハビリテーション施設には中途視覚障害者だけでなく，視覚特別支援学校卒業者も多く在籍している。ときに，「視覚障害者リハビリテーション施設は中途視覚障害者を対象としている」と認識されがちだが，これは誤りである。

5．職業リハビリテーションと移行支援
1）職業教育と就労

　職業リハビリテーションとしては，経済的自立をめざす中途視覚障害者や視覚特別支援学校卒業者（卒業後進学した大学卒業者も含まれる）に対して希望や能力に応じて実施される職業訓練がある。前述の理療は視覚特別支援学校だけでなく，国立視力障害センター（厚生労働省管轄）等でも習得でき，職業訓練施設では情報処理，事務職等の指導をしている。その他，教員，公務員，施設職員をはじめ，音楽関係，一般企業，自営等多方面の職業（原職復帰を含む）に就いている視覚障害者がいるが，欧米に比較するとその職種と就業人口は非常に少ないのが現状でこの改善が大きな課題である。また，重度・重複の児童生徒に対しては作業所などでの福祉就労も進んでいる。

2）移行支援・就労支援

　移行支援，就労支援の大前提として障害者とその家族，そして施設，企業，社会における適切な障害理解が必要である。そのための教育と社会啓発は欠かせない。

1 移行支援計画と個別の教育支援計画　移行支援は個別の教育支援計画に包含されて検討されるが，就学前から就学へ，小学校から中学校へ等の移行は一般的には教育支援計画として検討されることが多いため，特別な場合を除いて移行支援は学校卒業後の就労，生活，施設入所が対象である。それには教育，労働，福祉，医療，行政等によるネットワークの必要性とその充実化が欠かせない。

2 特別支援学校における移行支援　特別支援学校における移行支援の留意点を以下に記す。

①学校・教員に求められる労働・福祉・社会（地域）・制度等に対する豊富な知識：学校評議員に企業，福祉関係者を入れることも一方法で，その実践例は多い。

②特別支援学校全体（幼，小，中，高）で移行支援に取り組むことの必要性：幼・小では主に，主体性，自己主張，社会的技能が対象である。キャリア教育は小・中・高を通して取り組むことが求められている（文部科学省）。

③連携のあり方：連携は表面的には「学校対機関」だが，方法論的には「個人対個人」（face to face）である。日頃から連携を見据えた施設等関連機関との交流が大切で連携にはICFが活用される（第1章参照）。

④関連する支援の5つの領域：家庭生活に関する支援，進路先の生活に関する支援，余暇・地域生活に関する支援，医療・健康に関する支援，出身学校の役

割。
⑤児童生徒の精神的自立と自己決定が大切：経済的自立，社会的自立，身辺管理的自立等の側面があるが，その基盤は精神的自立である。児童生徒に対して精神的自立や自己決定にいたるためにその主体性や自己理解から育むことが大切である。
⑥自己選択・自己決定に必要な情報提供（選択肢）：自己選択・自己決定のために学校・教員に求められるのが情報収集である。
⑦企業就労の留意点：企業では労働的技能よりも挨拶・礼儀，人間関係等の協調性・ストレス耐性，身辺管理等の社会的技能や知恵（第4章参照）が重視される。
⑧就労後のアフターケアの必要性：心理的ケアを含む。

3 就労支援と課題　障害者の雇用を支援するものとして「障害者の雇用の促進等に関する法律」があり，障害者の雇用率が定められている。従業員の約2.0%以上の障害者を雇用しなければならないとされている（雇用率未達成企業には納付金が課される）。雇用にあたっては，障害者試行雇用事業（トライアル事業），職場適応援助者（ジョブコーチ）助成金等の助成制度が用意されている。しかし，これらは対企業であるため十分な支援にはつながらないことから対障害者への助成（金）が必要である。企業には，管理者・人事担当者だけでなく，配属現場の社員における適正な障害理解が求められ，これが不十分なために退職となるケースがある。障害者の企業就労形態は契約，非常勤が一般で，賃金・待遇・人間関係・定年までの就労等の労働環境にはまだデメリットも多い。一般論としては，企業就労を必ずしも最良の目標とせず，1つの選択肢や経験ととらえる考え方もあろう。

6．指導者のあり方

　教育・リハビリテーションの教員等指導者（以降，まとめて指導者とする）は，「支援」に関して本章冒頭に示した5つの指導者としての責任性を前提とし，そのうえでの専門的な知識は大切であるが，実際はそれよりも人間的な質の高さが第一義でなければならない（芝田，2010）。また，児童生徒に対する障害理解教育は人間理解が基礎になる（芝田，2013b）。これらから，専門的な知識以前に「障害者の理解に必要な考え方」（第12章参照）に基づいた根本的な人間を理解する心情，障害者を理解する心情が必要である。そのうえで，障害者と接していくために共感・傾聴等（第3章参照）を基礎として人権・個性の尊重，当事者主体，ラポー

ト，プライバシー保護，客観的判断が求められ，さらに総合的には適正なモラル・マナー，礼儀，誠実性，率先垂範性，適切な協調性と自己主張などの高い人間性，障害者だけでなく，人間を理解し，個々の違いを認める姿勢を指導者はもっておきたい。

また，医療，福祉等の現場でスタッフや職員が年上の患者や施設利用者に対して丁寧さを欠いたぞんざいな言葉を使う例がみられることがある。人権尊重に際して丁寧な言葉遣い，年長者に対する敬語や適切なふるまいは最低限必要なことである。

指導者の心得（芝田，2010）や指導者に必要な姿勢の主なものは以下である。
①図書や講義だけでなく，視覚障害者をはじめ，実際の障害者を師とし，彼らから学ぶ姿勢。
②年長障害児，障害者（成人）から意見を聞く，あるいは観察することで対象となる障害・障害児・障害者の理解や指導の貴重な参考とする姿勢：これは健常児・健常者にとっても同様で，指導者は対象となる子どもだけでなく，年長者や成人にも注目することが必要。

なお，アメリカの教育は「人間中心の教育」(humanistic education) とされており，教員に求められるのは教員自身の献身的態度から子どもたちが価値を感じ取れるような関係である「感じ取られる献身」(sensed commitment) といわれ，教員の理想像となっている（アメリカ教育学会，2010）。

7．教員の専門性

とくに教員には文部科学省も推進しているように高い専門性が必要であるが，ここに示すものは，特別支援教育のみならずすべての教員が対象である。

1）専門性における基本

教員の専門性における基本は，まず，教育およびリハビリテーションの内容・指導法等すべておける基礎の習得である。そのうえで，その基礎を進展させ，児童生徒に応じた指導計画と指導方法が検討できる能力を培っておきたい。この児童生徒に応じるためには，その個人の実態と個人が置かれている環境という2点に基づくことが大切である（芝田，2010）。

2）教師に求められる能力

①**教師に必要な資質能力**　教員に必要な資質能力（スキル）として次の4点があげられる（曽余田・岡東，2011；全国特別支援学級設置学校長協会，2012）。

①テクニカル：目に見える実践的技量（専門知識，指導技術，教養，表現能力等）
②コンセプチュアル：内面的な思考様式（ものの見方，創造力などの認識的側面）
③ヒューマン：総合的な人間力（対子ども，対教員の人間関係）
④マネジメント：学校・学級における組織的運営的人材的な管理

② **組織人としての成熟**　以下は組織人としての成熟を図ることを含めた教師に求められる能力である。
①知識：学校・教育活動・その周辺に関する知識，社会人としての知識等
②技能・技術：理解力・分析力・発想力等の知的技能，表現力等の運動技能等
③態度・価値観：責任感，積極性，勤勉性，チャレンジ精神，規律性等
④組織人としての成熟：組織における立場の認識，コミットメント（帰属意識）等

3）専門性の向上

専門性の向上に努めることは教育公務員特例法（第21条）によって定められ，また，「研修を受ける機会が与えられなければならない」（同第22条）とされている。教員の服務別の研修形態には，職務研修（行政研修，内容的には初任者研修，10年経験者研修，校内研修，長期研修・内地留学等），職専免による研修（職務専念義務免除，同第22条），自主研修の3種がある。

① **自己研修としてのOJT**　OJT（on the job training）はアメリカで第一次世界大戦中にできた手法であり，その後，わが国に導入されて現在の企業研修等のもとになっている。OJT には，上司・先輩からの指導だけに留まらず，自己研修の意味で日々の業務の中で継続的に知識を吸収していく姿勢が含まれる（芝田，2010）。OJT は「仕事を通じた能力開発」ととらえられ，一般的な OJT だけでなく，Off-JT（off the job training；職場外研修），SD（self development；自己啓発）もある。いずれも主に管理職などが主導して実施する人材育成の方法だが，重要なのは上記の「自己研修の意味で日々の業務の中で継続的に知識を吸収していく姿勢」である。

② **自己研修の留意点**　以下は自己研修における留意点である。
①知識習得と能力向上への高い意欲（すべての専門家に共通した大前提）：社会性と事務的な能力の向上も含む
②PDCA（plan-do-check-action）による適切な自己評価と向上

③常識,慣習,制度(法令や省庁の報告等)に対する自己的な理解や再確認:上司や先輩の考え方・方法等に対する疑義,再確認,改善も含む

さらに,その専門性には説明・指導に対して責任をもつこと,指導力の向上に努めること等が欠かせない。

8．視覚障害教育（特別支援教育）の課題

視覚障害教育を中心とし,関連する特別支援教育も含めてその課題や諸問題をあげるが,指導者のあり方,教員の専門性はすでに述べているので省く。

1）教育・教員関連の制度と体制

教育・教員関連の制度と体制は根源的な課題である。

1 視覚特別支援学校のセンター化の充実とそれに伴う人的配置

視覚特別支援学校のセンター化の充実とそれに伴う人的配置に関する主な課題は以下である。

①巡回指導・通級指導の充実・普及,それに伴う教員の適正な加配(公立義務教育諸学校の学級編成及び教職員定数の標準に関する法律)

②適切な学校選択と決定:すべての障害児が通常学校に就学することがインクルージョンの広義的な理念ではない。学校選択と決定は,障害児のニーズや能力とその保護者のニーズに依存しており(学校教育法施行規則第32条:保護者の意見聴取),特別支援学校も大切な選択肢の一つである。これは既述した教育・リハビリテーションの理念である障害児の主体性に通じるものである。

③視覚特別支援学校のセンター化の体制・制度の整備とそれに伴う学校のあり方の改善:視覚特別支援学校在籍児童生徒数の減少化に対応し,そのサテライトを都道府県内に複数設置,地方の行政範囲に制約されない視覚特別支援学校の利用などの指導体制整備とその制度化が必要である。

2 教員免許の質と習得率の向上

教員免許の質と習得率の向上に関する主な課題を次に示す。

①特別支援教育免許(専修免許を含む)取得率の向上

②各障害に応じた専門免許の制度化:特別支援教育免許は,現在のような総合免許だけでなく,視覚障害に関する専門免許(以前の盲学校教育免許をさらに高度化させたもの),つまり,ジェネラリストだけでなく,スペシャリストが求められる。

③教員免許の国家資格化:現状の教員養成系大学での単位取得による認定では質

の高い教員養成は不十分で，国家試験による資格化が必要である。
　④校長・教頭の専門性の向上と必要に応じた特別支援教育免許の取得
　⑤研究授業形式による教員免許状更新講習を主体とする：講義形式よりも研究授業形式が有効である。

③教員の適正な人事異動

以下に教員の適正な人事異動の主な課題を記す。
　①専門性の維持・向上のために人事異動は画一的ではなく，適正なものとする：人事異動によって多くの専門教員が特別支援学校から去っている現状がある。とくに，視覚特別支援学校はほとんどの県では1校であるため，教員の異動は視覚障害領域から離れることを意味する。ある視覚特別支援学校では教員の半数が在籍3年未満という専門性の維持・向上にはなかなか結びつかない現状がある。
　②教員経験の豊富な教員による特別支援学級の担当
　③校長・教頭の1校での在籍期間の延長化：現状は短期的である。
　④特別支援学校教員の通常学校への人事異動：適宜，通常学校において定型発達の児童生徒を指導することは教員の専門性，質的向上に意義がある。

④その他の制度・体制・教員

その他の主な課題は以下である。
　①児童生徒の個人差に対応できる制度と人的配置
　②視覚特別支援学校の幼小中高一貫性の充実と校内連携の強化
　③特別支援学校，通常学校，他機関との連携・協働の強化
　④特別支援教育コーディネーター等にソーシャルワーカーの知識と役割を付加
　⑤自立活動・各教科の充実と指導時間の増加：現行の633制を特別支援教育に適応することは前述の実質的平等の観点から必ずしも児童生徒にとって適切とはいえず，弾力的な対応が必要である。
　⑥歩行（定位と移動）とその指導の充実と視覚特別支援学校への歩行訓練士配置の制度化：これは障害者権利条約（第24条）にも明記され，国際的には常態化しており，制度化は急務である（芝田，2013a，2014）。

2）対児童生徒（教育・授業・指導）

次に，対児童生徒（教育・授業・指導）に関する主な課題を示す。
　①児童生徒の自立性の尊重とその指導
　②ICFでいう活動だけでなく，参加も念頭に置いた教育

8. 視覚障害教育（特別支援教育）の課題

③基礎的能力の向上：知識，社会性（人間関係など）等の向上
④適切なファミリアリゼーションの実施と手引きによる歩行の指導
⑤校外（屋外）での学習の充実
⑥心理的ケアの充実
⑦障害理解教育の実施

3）その他の課題

最後はその他の主な課題である。
①家族，同窓生への支援
②障害・障害児・障害者に関する社会への適正な啓発
③理療以外の職業開拓
④全国的な視覚障害教育に関する質の高い研究会の実施

第3章　心理リハビリテーションと心理的ケア

　心理リハビリテーションは，医学，教育，職業，社会の4つのリハビリテーションを支えるものである。それは，まず障害告知があり，その後の障害受容と教育・リハビリテーションへの動機づけが主目的となる。このリハビリテーションは終了後も心理的ケアとして必要に応じて継続した支援が重要である。ここでは，心理リハビリテーションを中心に心理的ケアを含めて論じる。

1．障害告知

　主に中途視覚障害者のリハビリテーションは，失明が予期できたり障害が現われた時点で開始されるロービジョンケアもあるが，一般的には障害告知から（主に全盲者の場合）から開始される。明確に障害告知が実施されないと障害（失明）となってから教育・リハビリテーションを行なうまでの時期が必要以上に長くなる。そのため，可能ならば早期に，そして眼科医による治療的，心理的に適切な時期を考慮した障害告知が実施されなければならない。ただその際には，看護師，医療ソーシャルワーカー（MSW：medical social worker），視能訓練士（ORT：orthoptist）等のスタッフによる総合的な支援は欠かせない。

　障害告知と，それに続く障害受容，教育・リハビリテーションへの動機づけの心理リハビリテーションの実施とは総合的なもので対偶であると考えられる。障害告知が適切になされ，教育・リハビリテーションが早期に導入されることが重要だが，それには医療機関と教育機関・リハビリテーション機関のより密接な情報交換・連携が必要である。

2．障害受容の考え方

　障害とその受容に対して，「受け入れざるを得ない」「時間が解決する」「いつ頃受容したかは明確ではない」「子どもの頃からだから受容という意識はない」といった障害者の意見（熊倉・矢野，2005），経済的自立・社会参加をして受容して

いるとみられる障害者の「受容しているという表現には少し違和感がある」という声がある。さらに，医療・教育・リハビリテーションの関係者，障害者らによって障害に対して受容だけでなく，認識，克服，超越，適応，自己満足感といった心情として表現されることがある。このように，意味的に「障害を受容する」ことの現実性やその必要性には多様なとらえ方があるため，「受容」という用語に代表されているが，以上の意味として理解しておくことが必要であろう。

次に障害受容を取り上げるが，その理論的構築は大切だが，より重要なことは，適切に障害が受容されるにはその個人に応じたどのような支援が求められるのかということである。そのために指導者，支援者には，多くの障害者の受容やそれについての心情に関する主観的な体験・意見，これまでの支援の成果・課題，必要とされる家族支援，障害理解の教育と社会啓発等を総合し，より効果的で現実的な支援のあり方を絶えず模索していく姿勢をもっておきたい。

3．障害受容の理論

1）グレイソン

アメリカの精神科医であるグレイソン（Grayson, 1951）は，障害は内部的にはボディーイメージの再構成によって受容され，外部的には社会による否定的態度等に対して社会へ統合していくことによって受容されるとしている。

2）価値変換論

価値変換論は，肢体不自由者（第二次世界大戦の戦傷者）を対象として研究をすすめたデンボら（Dembo et al., 1956）やライト（Wright, 1960）によって提唱されたもので，障害受容は主観的な価値に対する考え方の変換過程とするものである。

|1|**デンボらの価値変換論**　デンボらは，人には所有しているだけの価値である所有価値と本質的な本人固有の価値である資産価値があるとし，障害によって喪失した価値は所有価値であって大切な資産価値は失っていないと考えるのである。

|2|**ライトの価値変換論**　ライトは，デンボの理論をさらに進め，価値変換に関する考えを次の4つに分類している。

①価値の範囲を拡大させる：喪失した価値に固執しない。

②身体的価値を重要視しない：重要なのは身体ではなく内面である。

③相対的な価値は資産価値である：他者との対比ではなく，本来の自分の価値を重要視する。

④障害を他に波及させない：喪失した価値を個人の総合的な価値等他に波及させない。

3）段階論

障害受容にいたる過程を分析したものが段階論である。

1 コーンの段階論　コーン（Cohn, 1961）は，障害（喪失）による悲嘆について精神分析学を基盤として障害受容は次のような段階を経過するとし，この悲嘆は時間経過とともに自然に癒えていくとしている。

①ショック→②回復への期待→③悲嘆→④防衛→⑤適応

2 フィンクの段階論　フィンク（Fink, 1967）は，障害を危機・ストレスと考え，コーピングの過程に重点を置いて以下のような段階を示し，うつを本質としてコーピングによって適応・変容するとしている。

①ショック（ストレス）→②防衛的退行（否認）→③自認段階（うつ）→④適応と変容

3 上田の段階論　上田（1980）は，価値変換論に基づき，障害受容とはあきらめでも居直りでもなく，障害に対する価値観の転換であり，障害をもつことが自己の全体としての人間的価値を低下させるものではないことの認識と体得をとおして恥の意識や劣等感を克服し，積極的な生活態度に転換することであると述べ，以下のような段階を示している。

①ショック期→②否認期→③混乱期→④努力期→⑤受容期

4）関連する理論

1 保護者の障害受容　ドロータら（Drotar et al., 1975）は先天障害児の保護者の障害受容の過程を次のように表わしている。

①ショック→②否認→③悲しみと怒り→④適応→⑤再起

2 死生観と障害受容　キューブラー＝ロス（Kübler-Ross, 1969）は末期癌患者の心理過程を以下のように明らかにしている。

①否認と隔離→②怒り→③取り引き→④抑鬱→⑤受容

5）各理論に対する諸問題

1970年代までは，障害受容の各理論が提唱され，それらは教育・リハビリテーション導入における目標・条件的な意味でとらえられていた。その中で，前述の価値変換論，段階論は高見とされてはいるが，次のような問題点が指摘されている（本田・南雲，1992；本田ら，1994）。

①価値変換の過程が不明である。

②価値変換を現実化する方法が明確でない。
③デンボらの調査では、その時期が障害の固定期に入っていたケースが対象となっており、受障（障害を負うこと）直後の例ではない。
④最終段階とされる価値変換が入院中に到達するべきゴールと誤解される。

また、1980年代になるまでは、総じて障害受容に関する意味・経緯・段階・心理状態に関するものに主眼が置かれ、受容そのものは各障害者の努力にゆだねられている傾向があった。これに対し、本田・南雲（1992）は、今後は指導者や支援者にとっての「好ましい受容」ではなく、障害者の「している受容」を虚心に見つめる実証的態度のもとで、さらに検討の積み重ねが必要であると述べている。この他、いつ、どのように、あるいは、周囲のどのようなアプローチによって、受容に達したのかが重要で、さらに、その心理過程は各理論から導かれるようなステレオタイプではなく、多様であることに留意しておくことも重要である（芝田、2003）。

4．障害受容についての留意事項
1）個人差・多様性

現在、障害受容は、それだけに焦点化するのではなく、支援する方法論を検討する点に主眼が置かれるように変容してきている。障害受容は、教育・リハビリテーションの目的、障害者自身の生涯目標等ととらえられることもあり、その受容における個人差、多様性が重要視されている。また、その障害者のパーソナリティが受容の個人差と多様性に大きく影響をしていることは否定できない。

ある共同作業所で、6年を経た頃に利用者（中途障害者）に作業所に来てどのように変化したかを調査したところ、その回答に、意外にも「あのとき死んでいればよかった」と答える人が比較的多かった（岡ら、1996）。この作業所の職員はこの事実に愕然とするのだが、その後、障害を乗り越えて前向きに生活している人たちに関する読書やビデオ視聴、さらにそういう人たちを招いての学習会を開催した結果、利用者の自己への「気づき」に種々の変化がみられ、障害の受容が進んだのである。

この例にみられるように受障後、ある意味で受容されているとみられるような生活を送っている人でも必ずしも受容にはいたっていないケースも多いと考えられる。また、結果として本人に受容という意識は低いけれども活動能力を獲得し、目立った制約のない参加を実現しているケースもある。あるいは、障害者本人は受容しているのに家族等周囲の者が受容しておらず、障害者の心理にマイナスの影響を

及ぼすというケースもみられる。

2）障害受容と教育・リハビリテーション

　障害受容と教育・リハビリテーションへの動機づけとの関連では，視覚障害者の場合，筆者の経験では必ずしも受容がなされた後に動機づけへ向かうといった流れにはならず，受容しているかどうかはともかく，とりあえず教育・リハビリテーションへ進んだという事例も比較的多い。障害受容と教育・リハビリテーションへの動機づけは不可分なもので，受容がなされたかどうかの検討は大切ではあるが，受容と教育・リハビリテーションへの動機づけを総合的に考え，とりあえず教育・リハビリテーションへ進もうという意欲があれば，次へ展開するということがあってもよい。その結果，教育・リハビリテーション期間中，終了時，あるいはその後に受容されていくケースがある。したがって，受容がされていないと教育・リハビリテーションへは進めないという画一的な考え方は適切ではなく，その内容・程度や過程は障害者によってさまざまであると考えておきたい。

3）個人受容と社会受容

　精神科医であるチョルドン（Cholden, 1958）は，視覚障害（全盲）となった人の視覚障害への対応はその性格に基づいて異なると述べ，①依存，②憤慨，③恐怖に大別できるとしている。さらに，晴眼者中心の社会で視覚障害者として生活していくことは大変で，それは物乞い，完全依存，救済依頼，同情，神秘的な能力・超感覚の保有といった社会の視覚障害者に対する文化的な固定観念がその背景にあるとしている。これは前述のグレイソンの考えに共通するものである。

　また，南雲（2003）は，次のような報告が多いと言い，障害受容における社会受容の重要性を指摘している。

　①障害によって，「価値観を変えること」は選択肢のひとつにすぎず，少なくとも「変えるべき」ものではない。
　②家族が心から受け入れることによって，また，同じ障害をもつ仲間とのかかわりによって本人の心の苦しみが軽減した，あるいは前向きに生きる力を得た。

　以上のように，障害受容は，障害者個人のパーソナリティ等，個人的なカテゴリーとして障害をとらえる対内的な「個人受容」と社会の障害者観，障害者に対する偏見・先入観，あるいは適切な障害理解の教育と社会啓発等，家族を含む社会とのかかわりの中で障害をとらえる対外的な「社会受容」に分けて考えることが現実的であり，重要である。「個人受容」はICFの活動・活動制限と関連しており，「社会受容」は参加・参加制約と関連している。とくに，障害理解に対するマイナス要

因が多い社会とのかかわりは，障害受容に大きな影響を及ぼす。社会受容がなされていく背景には，家族および社会による障害の理解と適応が重要であり，そのための積極的な家族支援，社会啓発は非常に大切である。

5．視覚障害者の障害受容と心理・心情
1）中途視覚障害者と障害受容
　中途視覚障害者が何を指標として受容したと判断できるかは難しい問題である。これは，全盲か弱視か，急性で一気に全盲になる場合か，進行性で徐々に視覚が低下する場合かによって相違するなど個人差があり，その様相はさまざまである。受容とその過程に関してみられる例を次にあげる。
　①言動からは受容しているようにみえるが，実際はまだ心理的に不安定であり，受容されていない。
　②自分の受障時のことを話すからといって必ずしも受容しているとはいえない。
　つまり，受容しているとみられても，自分の眼疾患や受障時について話すことをためらう場合もあれば，積極的に話す場合もある。自分の障害（失明）のことを進んで話し出したとき，受容の時期に入ってきたと判断できる，または障害受容に必要な条件として障害について抵抗なく話し合えることがあるといった指摘がなされることがあるが，これはひとつの判断材料や一条件にすぎず，一般化できるものとは言いがたい。
　③普段は平静で受容しているようにみえても，状況によって精神的に不安定になる等一個人であっても安定しない。
　たとえば，疾病・疾病時期等自分の障害に関係するなんらかの事情に接したとき，自分の視覚が進行したことに気づいたとき，自分の能力の限界に気づいたとき等である。また，隣人には視覚障害者である自分を見られたくないため自宅付近では白杖を持って歩行ができず，転居をした例，親戚に長期間自身の障害について打ち明けられなかった例がある。

2）視覚障害者の心理・心情
　以下は，筆者が直接視覚障害者から聞き取ったものや文献・新聞（Hine, 1993；毎日新聞社，2006）を参考としたものに基づく，障害受容を含む心理・心情の事例である。
　①私の生きがいが1枚1枚はがされていき，何もできないという不安・恐怖があったが，点字の習得過程であきらめないということを学んだ（網膜色素変性

によって徐々に視覚を失った事例)。
②視覚障害者を不幸なこと，気の毒なこととしか思ってくれないことが悲しかったが，聴覚・触覚から得られることがたくさんあり，視覚障害のよさを見つけられた（先天性の視覚障害者の事例)。
③視覚障害ということを受け入れることはできない。必死にごまかしてでもなんとかやっていくしかない。
④結局，自分1人じゃないという思いが大きかった。
⑤視覚障害である自分を拒否していたが，自分の笑顔を賞賛してくれる人がいて，自分1人ではないことに気づいた。
⑥原職に復帰して，人の役に立ちたいという思いが大きかった。
⑦他の仲間（視覚障害者)のがんばりが励みになった。
⑧母のことを思って自殺を思いとどまった。
⑨自殺をしたいと思ったが，恐くてできなかった。
⑩「見えないと何もできない」から，リハビリテーションによって「見えなくても多くのことができる」と思えるようになった。
⑪人の評価ばかり気にしていたが，リハビリテーションによって自分の能力が向上していくにつれて気にしないようになった。

3）弱視者の心理・心情

多くの人は，視覚障害者というと全盲者を想像してしまいがちで弱視者に対する十分な認識や適切な対応がなされないことがある。次にあげるのは，筆者が直接弱視者から聞き取ったものや文献（芳賀，1999；小林，2003）を参考としたものに基づく弱視者とその体験に関する心理・心情の事例である。弱視者に対する障害理解を高めていくためにも名称として「視覚障害」を使用したい（第1章参照)。

①「見えないふりをしている」「都合のいいことはよく見えて，悪いことは見えない」と言われる。
②小学校の高学年から中学くらいの頃，「人の顔をなんでジロジロ見るのだ」と叱られた。既知の人かどうかを確認しようとしていたのであるが，こういうことが何度かあって，相手の顔を直視するのを遠慮するようになった。
③会社等に行って「○○さんいらっしゃいますか」と本人に尋ねてしまう。
④「精一杯の努力」は「見えるふりをする努力」「迷惑をかけない努力」は「自分をごまかすテクニック」でしかない。
⑤失敗すれば「弱視者はやっぱり使えない」と言われ，必至に頑張れば「意外と

見えている」と言われる。
⑥屋外に面した明るい廊下では問題なく動けていたため，薄暗い廊下で照明を点けると苦情を言われる。
⑦切符の値段が見えなくて「○○までいくらですか」と隣にいた人に尋ねたら「そこに書いてある」と言われる。
⑧角を曲がってきた人を避けられずに当たってしまい苦情を言われる。

4）視覚障害児と障害受容

　視覚障害児は，成長過程で他者との相違から自身の障害に気づくことが多い。この時期に保護者や教育等の指導者や支援者による適切な対応が必要である。その対応につまずきがあると，場合によれば障害受容だけでなく，パーソナリティ形成にも影響があり，不適応，情緒不安定等のネガティブなパーソナリティの形成につながることもある。このようなパーソナリティ形成の背景要因には，現実的自己と理想的自己との相剋，社会からの隔絶感，弱視児ではその障害の程度（どの程度見えるのか，どの状況でどのように見えるのか等）に対する周囲の無理解等，個人受容的，社会受容的なものがあげられる。

　視覚障害児の障害受容には保護者の受容が大きく影響するが，その告知を受けた当初，保護者は子どもの障害を子どもの将来，自責，周囲の感情等多くの要因により受容しがたいものである。ローウェンフェルド（Lowenfeld, 1971）は，視覚障害児の情緒的な発達に保護者の理解と支援は不可欠であると述べているが，保護者による子どもの障害受容が容易でない場合，それが視覚障害児の障害受容を含む心身の発達を阻害する要因となり，ひいては障害の重度化や重複化，さらに二次障害に波及していくことがある。また，保護者が診断によって障害を認識しても新たな問題が生起すると，それが保護者の障害受容にマイナスの影響を及ぼし，阻害要因となることが自閉症の例で示唆されている（夏堀，2001）。

　このように，視覚障害児の障害受容ではまず保護者が適正に障害を受容することが大切だが，それは個人受容，社会受容双方において容易ではないことも多く，適切な支援が必要である。

6．障害受容と教育・リハビリテーションへの動機づけのための取り組み

　医療機関では，障害告知後，医療スタッフ，および外部の教育・リハビリテーションの指導者による障害受容と教育・リハビリテーションへの動機づけのための取り組みが開始されることになる。この取り組みは，当事者の状態に応じて医療機

■6. 障害受容と教育・リハビリテーションへの動機づけのための取り組み

関から教育・リハビリテーション機関へ移行した場合でも継続されていくが，心理的取り組みはリハビリテーション終了後も心理的ケアとして継続の必要性がある。

表3-1　障害受容と教育・リハビリテーションへの動機づけのための3つの取り組み

心理的取り組み	カウンセリング，ピア・カウンセリング，グループワーク，ケースワーク，相談等の実施
行動的取り組み	歩行（手引き・屋内歩行），日常生活動作（身辺管理）等の実施
情報的取り組み	障害者福祉，視覚障害教育，視覚障害リハビリテーション，視覚障害者の現状等に関する情報の提供

　障害受容と教育・リハビリテーションへの動機づけに向けては心理的，行動的，情報的取り組みの3つがあり，その内容は表3-1のとおりである（芝田，2001）。心理的取り組みでは，障害に関する個人的・家族的な問題，社会的・経済的・就労的な問題等，直接障害受容と教育・リハビリテーションへの動機づけにかかわる心理的な課題が対象である。行動的取り組みでは，当初は歩行（手引き・屋内歩行），日常生活動作（身辺管理）等の指導的な実施によって視覚障害者自身の能力的な課題が対象である。それは，能力的な自信が障害受容と教育・リハビリテーションへの動機づけに結びつくことがあるからである。教育・リハビリテーションが開始されれば，白杖による歩行，点字，パソコン，家事，家屋管理等も含めた本格的な指導によって得られる能力的な自信からさらに障害受容が進む場合もある（上田，2004）。情報的取り組みでは，障害者福祉・視覚障害教育・視覚障害リハビリテーションの内容，視覚障害者の現状等に接することで生活的・経済的・教育的・リハビリテーション的な不安についての課題が対象となる。

1）心理的取り組み

　本格的なカウンセリング等は専門家によらなければならないが，医療・教育・リハビリテーションの指導者等が心理的取り組みで対応する場合，その前提には，「障害者の理解に必要な考え方」（第12章参照）がある。その姿勢には共感と傾聴を主眼とし，人権尊重，当事者主体，ラポート，プライバシー保護，客観的判断等が欠かせず，時には指導者等の自己開示も必要である。

　ピア・カウンセリング（第2章参照）は，この取り組みとして高い効果があるものと評価されており，また専門的な関わりが必要ではあるが，グループワークも効果的とされている。これらは，結果として自己への「気づき」によって障害受容と教育・リハビリテーションへの動機づけを促進する効果も期待される。

さらに、とくに基本的な障害に対する次のような認識が不可欠である。
①「何を失ったのか」よりも「何を保有しているか」を考え、その力を生かす。
②障害だけを見つめず、大切なのはその能力である。
③障害者としてのあるがままの自分を受け入れ、その尊厳に気づく。
④障害は恥ではない。
⑤生きがいとは精神的なものである。

[1] **共感**　共感に必要なものとしてフェシュバック（Feshbach, 1975）は次の3点をあげている。
　①他者の視点に立つ能力
　②他者の情動経験の種類や内容を読み取る能力
　③他者と類似した情動経験をする能力
　しかし、障害者に対する場合、これらに加えて以下の2点が必要であり、さらに視覚障害の場合、その背景として疑似障害体験は欠かせない。
　④障害者の表情、言動といった外観的なものだけでなく、内面を読み取る能力
　⑤障害者の心理・心情を読み取るには短時間では不十分であるため継続して努める能力

[2] **傾聴**　総じて、傾聴とは言葉をかける前に、まず当事者が伝えたい、聞いてほしいと思う気持ちを汲み取ることが基本的姿勢であるが、これには以下のような技能が必要である。
　①適正な話しやすい、相互にリラックスできる距離をとり、目線を同じ高さとする。
　②当事者の精神的情緒的レベル（リラックス度、緊張感等）に合わせる。
　③真剣で熱心な態度を示す。
　④よそ見をせず、当事者に注目する。
　⑤適切に相づちをうつ。

[3] **言葉をかける際の留意点**　言葉をかける場合には、他の障害者のより困難な例を出して「もっと障害の重い人がいる」「あなたはまだましだ」といった安易ななぐさめや不用意な「がんばれ」といった言葉はB領域的態度であり（第12章参照）、支えにならないばかりか、いたずらに混乱をまねくだけのことが多いため注意が必要である。こういう他の障害者との比較は、健常者から言われるよりは障害者自身が気づいていくもので、ピア・カウンセリング等による「気づき」に期待したい。つまり、他の障害者から自分の言動に関して意見・提言を受けることは、自分自身

■6. 障害受容と教育・リハビリテーションへの動機づけのための取り組み

や他の障害者についての理解を深めることにつながっていくのである。

4 **その他の留意点**　次のような障害受容につながる要件が考えられる（古牧，1986）。必ずしもこれらが満たされないと障害が受容されないわけではないが，方向性としてこれらが満たされるようなかかわり方も必要である。

①自分の障害の原因となっている外傷や疾病について正確な知識をもち，障害に対する自己評価が客観的評価とほぼ一致していること。

②障害の軽減について工夫する，機能維持に努める，再発防止に留意する等，積極的な取り組みが認められること。

③障害について抵抗なく話し合えること。他に対して自分の障害をオープンにできること。

④生きる目標や生きがいを獲得していること。

この心理的取り組みでは，他の行動的・情報的取り組みの内容・成果等に基づき，それと関連づけることも実施されるが，そこには，エンパワメント（第2章参照）やセルフ・エフィカシー（自己効力感）といった視覚障害者が自己の潜在的な力に気づき，それを引き出すようにすることや現状の能力を適正に認知することといった配慮も大切である。なお，セルフ・エフィカシーとはバンデューラ（Bandura, 1977）によって提唱されたもので，認知行動療法において有効とされているが，視覚障害のみならず，他の障害の分野における教育・リハビリテーション，心理的ケア等でも効果的なものであろう。

2）行動的取り組み

行動的取り組みは，まず医療機関で開始されるが，医療機関での社会適応訓練は入院（通院）中の生活に関連したものを中心に，そこでの生活をより自立したものにしていくことを目的として，患者（視覚障害者）の希望，意思を尊重しながら実施される。その内容は，社会適応訓練の中の歩行（手引き，屋内歩行），日常生活動作（身辺管理）が中心で，これにより教育とリハビリテーションへの動機づけとなるように進めていくことが大切である。ただし，点字・パソコン等のコミュニケーション訓練については，この時期では習得は困難であることが多く，情報としては問題はないが，あえて指導する必要はないであろう。

1 **歩行訓練1：手引きによる歩行**　手引きによる歩行の方法（基本の形態）を学習することは比較的容易だが，質的向上には，一定の時間が必要である（第9章参照）。したがって，医療機関において患者が手引き者の肘のすぐ上を持つという「手引き」の指導が開始され，次の教育・リハビリテーションへそれが継続されて

47

いくことが重要である。ただ，医療機関では指導的な意味合いは多くなく，手引きの経験，さらに，そのされ方に慣れるということを目的にするとよいであろう。

なお，手術や受障直後のように，患者がバランスをくずしたり，不安が高いときには，手引きの基本の形態を改変した他の形態（両手誘導等）で行なうこともあるが，そのときは手引きの4つの条件（第9章参照）をもとにして適切かどうかを検討することになる。ただし，行動的に安定してくればすみやかに基本の形態で行なうことが必要である。

② **歩行訓練2：屋内歩行**　屋内での単独歩行としては，必要に応じて病室からトイレ，洗面所，浴室，ナースステーション，診察室等へ行くことが目的となる。ルートファミリアリゼーション（第7章参照）を中心として歩行が可能となるように指導する。このルートファミリアリゼーションについては，専門的な知識が必要であるため前もって歩行訓練士による研修を受講しておくとよい。ただしその際，「ファミリアリゼーション」など理解が難しい専門用語をあえて患者に対して使用する必要はなく，単に「説明」等とするのが望ましい（第4章参照）。

③ **日常生活動作訓練：身辺管理等**　食事，着脱衣，洗面，排泄，入浴，整髪，つめ切り等身辺管理的な内容（第6章参照）が中心となる。徐々に自分でできるようになることを目標とする。

3）情報的取り組み

情報的取り組みでは，まず各種制度・身体障害者手帳・補装具・日常生活用具（第4章参照）等の福祉施策，QOL・自己決定・自立等の福祉理念（第2章参照）に関する知識と共に，生活施設，地域利用施設，ホームヘルパー（訪問介護員）・ガイドヘルパー（移動介護従事者）等の福祉的サービスの紹介がある。さらに視覚障害教育，視覚障害リハビリテーション，相談支援に関するものには，各機関に関する実施内容と所在地等がある。その他，障害受容の過程，教育・リハビリテーション受講の状態，社会生活，参加，就労等の事例をとおして多くの視覚障害者の現状に関する情報の提供がある。

7．心理的ケアの現状と課題

障害者には，障害受容と教育・リハビリテーションへの動機づけ時だけでなく，教育・リハビリテーション等における受講時，福祉就労・企業就労時，生活施設等の利用時，地域での生活時，その他あらゆる場面で社会の障害理解の不足，障害者への誤解・偏見・差別等のストレスを被ったり，バリアに遭遇することがある。そ

のときには，適切な心理的ケアが必要とされる。そこには基本として前述の心理的取り組みや情報的取り組みを主体とする関わりが大切である。

　心理的ケアについては，特別支援教育では自立活動の1つとして心理的な安定があげられ（第4章参照），教員やスクールカウンセラーが対応しており，視覚障害リハビリテーションでは指導員やケースワーカーが対応している。しかし，現状では，この心理的ケアはその内容・対応の質的向上，担当機関と専門家の増加といったことがまだまだ不十分であり，課題となっている。

第4章　自立活動と生活訓練

1．自立活動・生活訓練の理念

　視覚障害リハビリテーションの根幹は生活的社会的な面を対象とする社会適応訓練（生活的な適応も含む）である。これは視覚特別支援学校では自立活動が中心だが，その他の科目でも指導され，視覚障害者リハビリテーション施設では生活訓練として指導される。

1）自立活動・生活訓練の基礎事項

　以下の自立活動・生活訓練を進めていくうえでの基礎となる大切な事項は視覚障害だけでなく，他の全障害にも適用される。

①**QOLとウェル・ビーイング**　指導の大前提となる基礎事項は，QOLとウェル・ビーイング（第2章参照）である。QOLは，人生，幸福，生きる意味，生きがいといった一般的で大きな意味だけでなく，日常生活的な小さな意味の検討も大切である。また，視覚障害者一人ひとりに応じたQOLを検討すること，保護者・教員の尺度で考えないこと，並びに重度・重複の場合はとくに重要視し，日常的に検討することが欠かせない。

②**活動・参加のための要因**　視覚障害者が活動能力を向上させ，参加を可能にするための要因には以下の3つがあり，視覚障害者自身の能力向上だけに焦点化されるのではない。

　①社会の障害理解の向上（芝田，2010b，2011a，2013b）
　②物理的環境・用具の整備・開発
　③視覚障害者の活動能力の向上

　②の例としては，リンスと区別するためシャンプーのボトル容器側面の凸印列（JIS規格），プリペイドカード・はがきの切り込み，缶飲料のプルトップ付近の点字表示，携帯電話・リモコン・電卓等の「5」の位置の凸点，パソコンのキーボードの「F」と「J」の位置の凸点等の共用品（バリアフリー商品）が増加してきており，有益なものとなっている。しかし，自動券売機・精算機・リモコン・電化製

品等で多機能化したものや自動券売機・精算機・銀行のATM等のタッチパネルは使いづらい，あるいは使用が不可能である。このように，①と②の不備はバリア，参加制約となり，合理的配慮の対象である。③の向上は社会適応訓練によるもので，これら3点を総合的にとらえて教育・リハビリテーションを考えることが必要である。

2）用語としての指導と訓練

リハビリテーションにおける機能訓練，視能訓練，生活訓練等の「訓練」は，とくに教育領域で厳しい，過酷といった強制的なものとしてイメージされるが，これは各訓練の現状からみて正しくない（第2章参照）。たとえば，歩行訓練は盲唖教育時代から，また視覚障害リハビリテーション発足時（1965年）から使用されている用語であるが，上記のイメージが影響して近年教育領域で公的には「歩行指導」が使用されることがある。しかし，視覚障害者のためのものである以上，用語はわかりやすくシンプルであるべきで，教育領域における公的表現の「歩行指導」はいたしかたないとしても，当事者である視覚障害者に対する指導時は「歩行訓練」で統一しておくのが適切で，実際，視覚特別支援学校では「歩行訓練」も多く使用されている（芝田，2012）。したがって，自立活動の指導行為は「指導」であるが，指導項目名は「訓練」である。

3）専門の指導者

社会適応訓練は，1965（昭和40）年にアメリカのAFOB（American Foundation for Overseas Blind；アメリカ海外視覚障害者財団，現Helen Keller International : HKI）の協力によってわが国に導入された。その指導者の養成は，当初歩行訓練士の養成としてAFOB主催，厚生省・文部省後援のもとに講習会形式で行なわれ（第1期），その2年後の1972年（第2期）から厚生省委託となって毎年開催され，現在は他の社会適応訓練を合わせた専門の指導者養成として継続されている（芝田，2005，2010a，2012，他）。現在は厚生労働省委託事業である指導者養成（日本ライトハウス実施）と国立障害者リハビリテーションセンター学院（共に2年課程）で実施されている。したがって，自立活動や生活訓練の専門的な指導は主にこの2機関を修了した指導者（教員・指導員）によって行なわれる。なお，歩行訓練の専門の指導者をとくに歩行訓練士という（第5章参照）。

2．社会適応訓練（社会適応能力と基礎的能力）

1）社会適応訓練の内容

社会適応訓練は，①歩行訓練，②コミュニケーション訓練，③日常生活動作訓練

■2．社会適応訓練（社会適応能力と基礎的能力）

(ADL：activities of daily living) の3つで，その詳細は表4-1である。その他として，スポーツやレクリエーションがあるが，視覚障害者用のスポーツとしては，卓球（サウンドテーブルテニス），バレーボール（フロアーバレーボール），野球（グラウンドベースボール），ゴールボール，ブラインドサッカー，マラソン，柔道，ボーリング，水泳等がある。

表4-1　社会適応訓練の内容

①歩行訓練	手引き（健常者による手引き），白杖，盲導犬等
②コミュニケーション訓練	点字，パソコン，すみ字等
③日常生活動作訓練	身辺管理，家事，家屋管理，趣味等

2）3つの分野

　社会適応訓練は，総体的な考え方，指導における方法等の能率性・容易性から上記の3分野に分けられており，指導内容，指導に要する時間等の面からほぼ均等な類別である。この3分野の成立には，生活全体からまず歩行とコミュニケーションが視覚障害の活動制限の代表的なものであることから必然的に独立した分野となり，結果として，その他の多くのものが日常生活動作と名付けられた分野に挿入されるという背景がある（芝田，1994）。したがって，相対的に日常生活動作訓練は，歩行訓練とコミュニケーション訓練よりは内容の一つひとつは小さいが，起床から就寝までにわたる広範囲で，多くの下位単位に分かれている分野である。

3）社会適応能力と基礎的能力

　社会適応には，3つの社会適応能力（歩行能力：定位と移動，コミュニケーション能力，日常生活動作能力）と5つの基礎的能力（知識，感覚・知覚，運動，社会性，心理的課題）が必要でこれらが社会適応訓練の指導対象である。この社会適応能力と基礎的能力の2つの能力は構造的には，すでに獲得している基礎的能力を基礎とし，そこに新たに視覚障害者としての生活に必要な社会適応能力を習得するというものである（芝田，1986）。社会適応能力には視覚障害特有のものが多いため，新たに身につける社会適応能力だけが注目されがちだが，実際は，基礎的能力が確実に獲得されていることが非常に重要であり，社会適応能力の習得は基礎的能力が前提となる（芝田，2011a）。したがって，社会適応訓練が実施される中で必要に応じて，その社会適応能力に関する基礎的能力の指導も行なわれる。

　つまり，歩行訓練は歩行能力とそれに必要な基礎的能力の指導が実施され，同様に，コミュニケーション訓練はコミュニケーション能力とそれに必要な基礎的能力

の指導，日常生活動作訓練は日常生活動作能力とそれに必要な基礎的能力の指導が実施される（表4-2）。

表4-2　各社会適応訓練の指導内容（社会適応能力・基礎的能力）

歩行訓練	歩行能力の指導＋歩行に必要な基礎的能力の指導
コミュニケーション訓練	コミュニケーション能力の指導＋コミュニケーションに必要な基礎的能力の指導
日常生活動作訓練	日常生活動作能力の指導＋日常生活動作に必要な基礎的能力の指導

4）自立活動と生活訓練

[1]**視覚特別支援学校と視覚障害者リハビリテーション施設**　社会適応訓練は視覚特別支援学校では自立活動で指導されるが，特別な場合を除いて，歩行は寄宿舎でも，コミュニケーションは各教科でも，日常生活動作は技術・家庭，寄宿舎でも，そしてスポーツは体育やクラブ活動でもといったように広範囲で指導される。視覚障害者リハビリテーション施設ではすべて生活訓練として実施される。視覚特別支援学校によっては自立活動が時間的，内容的に不十分な場合があるため，その卒業生が生活訓練の受講目的で視覚障害者リハビリテーション施設へ入所する場合が少なくない。この連携はさらに深めることが重要である。

[2]**視覚障害児と中途視覚障害者**　基礎的能力の指導においては，視覚障害児と中途視覚障害者（成人）では異なった対応となるところがあるが，社会適応能力の指導では同様の内容・方法である。なお，視覚特別支援学校には中途視覚障害者も在籍しているが，その自立活動は基本的に生活訓練と同内容である。

[3]**歩行訓練**　歩行訓練，とくに白杖による歩行訓練には専門性が必要で歩行訓練士によって指導されるが，歩行訓練士の在籍していない視覚特別支援学校がまだまだ多いという状態であり，大きな課題となっている（芝田，2012，2013a，第5章参照）。なお，非専門の教員（歩行訓練補助員）との連携は可能である（芝田，2014a；芝田ら，2014）。また，視覚特別支援学校の中には視覚障害者リハビリテーション施設と連携し，その指導員に歩行訓練を依頼しているところが増加している。

3．基礎的能力

　基礎的能力は，①知識，②感覚・知覚，③運動，④社会性，⑤心理的課題の5つだが，これらの内容および社会適応能力の下支えという体系的構造的な概念（芝

田，1986，2010a）は，視覚障害者だけでなく，知的障害，発達障害など他の障害者の指導にも適応できるものである。

1）知識

　知識は，知的能力と言語的能力を包括したもので，他の4つの基礎的能力習得の基礎となるものであり，学校教育の対象となる教養的，学術的知識というより日常的，常識的，雑学的知識が主体である。

　歩行に必要な知識は次の3点に集約される（芝田，2010a）。

①左右と方角：ボディーイメージ，相手中心の左右，環境と左右，環境と方角，方角を使用した事物の名称等
②環境：道路・交差点の形状に関する特徴，歩行環境に存在する主な事物とその名称，道路・交差点などの概念的な性質と特徴等
③言葉・用語：歩行（動き），位置・方向・方角，ルートの口述等

　これらは歩行能力の指導やファミリアリゼーションの際に必要なもので，その存在，成り立ち，概念等が理解されておれば，歩行訓練の実施（歩行能力の習得）が容易となる。

　また，コミュニケーションには基本的な文語的，口語的日本語とその文法等，日常生活動作には商品等に関する諸知識といったように多様で膨大なものがある。

2）感覚・知覚

　感覚・知覚には，聴覚，運動感覚，触覚，嗅覚，視覚（弱視の場合）がある。このうち，視覚障害者に主要な聴覚には，音質の弁別・知覚，音源定位，エコー知覚があるが，とくに重要なものには，音の影，セレクティブ・リスニング，物体知覚（障害物知覚）がある。

　音源定位は，全盲状態では前方の音を後方の音と認識するといったように身体の前後で混同しやすい。音の影（サウンド・シャドウ，sound shadows）は，音量が変化することによってその音源を遮蔽している物の存在を判断することをいう。セレクティブ・リスニング（selective listening）は，心理学ではカクテルパーティー効果（選択的注意）とよばれ，騒音の中で必要な音を聞き分けることである。物体知覚（auditory objective perception）とは，全盲者にみられるその物に触れないでその存在を認知できることである。これは，1749年，フランスの哲学者ディドロ（Diderot，1749）によって学術的対象として取り上げられたのが最初で，その後，コーネル大学のダレンバック（K. M. Dallenbach）らによって聴覚（エコー知覚）が大きな手がかりであることが実証された（Supa et al., 1944，他）。ただ，この物

体知覚は学習（経験）の結果獲得される知覚であるため成人後に視覚障害となった人や視覚障害となってから年月が比較的短い人ではみられないことが多い。

触覚（皮膚感覚）としては，①手指による触察（触って観察すること），②足底による触察，それに③白杖など物体を介した触察等がある。運動感覚には，①身体各部の運動知覚，②直進や右左折等の知覚，③傾斜の知覚，④距離の知覚等がある。その他，嗅覚や弱視者にとっての視覚等がある。

3）運動

運動は，感覚・知覚の運動感覚，平衡感覚と関連が深く，自然な歩行・走行運動や姿勢が対象である。視覚障害児には防衛姿勢といわれる不自然な状態がみられることがあるが，これは後述するようにファミリアリゼーションと大いに関連があり，注意したい。

4）社会性

社会性は，知識に関連するものであるが，表情，マナー・身ぶり，身なりといった容姿，挨拶といった身のこなし，常識といわれるような諸知識，さらに次の心理的課題とも関連する障害理解などが対象である。また，とくに障害児にとっては大事な事務的能力を含む知恵（後掲）がある。

5）心理的課題

心理的課題は能力とするにはやや異質ではあるが，内容として次の①〜③のようなことがある。これらは人格形成としても必要で，これらを身につけることが主体性，協調性，共感性といった人間関係を構築するための能力に結びつき，自立をはじめ，参加（ICF）の基礎的能力となる。

①知的活動：知的理解，学習能力（記憶の保持）等
②意思：学習意欲（動機づけ），自立心等
③生理・性格：注意力，不安・恐怖感，自信，自己効力感，立ち直り力，判断力・決断力等

この心理的課題は視覚障害児の総合的な人格形成につながるものである。それには子どもを誇りに思う心情，子どもに対する適切な賞賛，家族の障害理解と障害受容といった視覚障害児に対する家族の直接的な愛情（愛情を言葉にして子どもに伝えたい）が養育態度に反映されていることが欠かせない。さらに，視覚障害児の心理的な安定（自立活動）は最重要であるが，それには視覚障害児に接する教員・家族等周囲の人たちの精神的安定も大切である（後述）。これらは視覚障害児だけでなく，障害児全体にもいえることで「心理的課題」における家族に対する指導・支

援の大切な事項である。なお，内容的に後述する自立活動の，「心理的な安定」「人間関係の形成」で示すものも大きく関連している。

6）視覚障害児と中途視覚障害者の基礎的能力

　基礎的能力の「感覚・知覚」以外は，健常者は幼少期から模倣・独習によって習得する内容であるため，中途視覚障害者（成人）では「感覚・知覚」の習得が大切となる。視覚障害児では全体的な基礎的能力の習得がハビリテーションの対象として大切で，誕生期や幼少期の視覚障害となった時期からその指導やはたらきかけが開始され，継続されなければならない（後述）。そのため，視覚障害児には社会適応能力よりもまず基礎的能力の習得から指導やはたらきかけが開始・継続され，その後，生活や就学の状態によって社会適応能力も合わせての指導となる。基礎的能力は習得が不十分であると社会適応訓練の進展に影響を及ぼすため豊富な経験に基づくきめ細かな指導やはたらきかけが必要である。内容が量的に多く，生活的に大切な「知識」「社会性」はとくに重要である。一方，「感覚・知覚」は日常的に経験することから独習的に優れた能力を習得する場合がある。「心理的課題」は視覚障害児にとっては人格形成，人間的成長に必要なものであり，中途視覚障害者（成人）にとっても必要なものである。

4．自立活動の概要

1）自立活動の内容

　自立活動は，特別支援教育では授業として取り扱われ，他の障害も同様だが，生活的社会的な障害である視覚障害の教育では中心的な科目である。1971年に盲・ろう・養護学校に新設された養護・訓練は，1999年に自立活動（5区分，22項目）に改称され，2009年6月に現行に改訂された。現在，①健康の保持，②心理的な安定，③人間関係の形成，④環境の把握，⑤身体の動き，⑥コミュニケーションの6つに区分されている（細目は計26項目）。

　文部科学省（2009）が示す自立活動の目標は，「個々の幼児，児童，生徒が自立を目指し，障害による学習上又は生活上の困難を主体的に改善・克服するために必要な知識，技能，態度および習慣を養い，もって心身の調和的発達の基礎を培う」である。教育課程の編成では，自立活動は各教科，道徳，総合的な学習の時間，特別活動等と密接な関連を保つような配慮が求められる。この自立活動をICFとの関係でみると次のようになる（図4-1）。

```
        健康の保持，心理的な安定 ⟵⟶ 心身機能と身体構造，背景因子
  環境の把握，身体の動き，コミュニケーション ⟵⟶ 活動，背景因子
              人間関係の形成 ⟵⟶ 参加，背景因子
```

図4-1 自立活動と IFC の関係

2）指導内容とカリキュラム

　教科は標準発達をふまえているのに対して自立活動には標準発達に対応する考え方はない。また，指導内容では教科は具体的な指導内容そのものを提示し，標準発達の児童生徒にはすべての指導を行なうことが前提である。一方，自立活動は具体的な指導内容の構成要素が提示され，これらの内容は必要に応じて選択するメニュー方式である。自立活動のカリキュラムは，標準発達をふまえていないこと，メニュー方式であることから教科とは異なり，その児童生徒の実態・発達に即した必要な個別の指導計画・学習指導案が作成される。

5．自立活動実施における重要事項

　重要事項としてまず，自立活動の総合的な内容である，健康の保持，心理的な安定，人間関係の形成を取り上げるが，これらは QOL と関連させて検討することが大切である。

1）健康の保持

　健康の保持として次のような点が重要事項である。
　①適正な生活リズム：夜更かしを控えた適正な睡眠と朝に日光を浴びることが適正な生活のリズムにつながる。
　②朝食の喫飯：朝食を食べることは学習意欲・記憶力・体力の向上等につながり，非常に大切である。
　③手洗い・歯磨き（ブラッシング）：大切だが，見過ごされがちである。
　④バランスのとれた食事とよくかむこと：比較的固い物も食べるとよい。
　⑤適度な運動と肥満防止：軽い体操と運動，適正な姿勢や歩容が大切である。
　⑥医療的ケアの充実：薬とその服用に関する基本的知識（食前，食後，食間，座薬，点眼薬，水で服用等）等が必要である。

2）心理的な安定

　重複するところもあるが，基礎的能力の心理的課題の内容も含まれる。心理的な安定の細目「情緒の安定」は生活の基本として重要視したい。その他，他の分野と

も関連する性教育の充実もあげられよう。
　①精神的（情緒）な安定：生活の基本として重要で，ストレスへの配慮も欠かせない。教員・家族等周囲の者の精神的安定も重要である。
　②障害受容（第3章参照）
　③精神的自立と自己決定（第2章参照）
　④生活的な知恵（後述）

3）人間関係の形成

　就労した障害者の離職の主要原因に人間関係があるように，この項目は非常に重要で，基礎的能力の知識，社会性，心理的課題と関連する。人間関係の形成は心理的な安定とかかわり，他の授業を含めた学校生活における総合的な心理的発達（成長）が大切である。それには同年代の児童生徒との集団的活動である交流および共同学習などが活用できるが，現状ではまだ十分とはいえない状態である。

4）ストレス

　日常生活，学校生活におけるストレスフリーが大切である。障害者のストレスは，上記3つの総合的な内容すべてに関連するもので，必要があればカウンセリングや心理的支援によって対処される。

1 **「自信」と「立ち直り力」：ストレスコーピングとストレス耐性**　成功体験や達成感といった指導やかかわりによって精神的ポジティブ性の向上といえる，自尊感情，自己肯定感，自己有能感，セルフ・エフィカシー（自己効力感）等を含む「自信」を育てることは大切である。それと共に重要視したいのはストレスコーピングとストレス耐性（レジリエンス；resilience）の力を高める精神的ネガティブ性の低減といえる，精神的な落ち込み（ストレス）からの「立ち直り力」を育てることである。障害児には，障害があるために前述のストレスといえる精神的ネガティブ性が健常児よりも強くみられると共に，そのストレス耐性の脆弱性がみられることがある。そのため，日常生活・学校生活における精神的な落ち込みといった日々の小さなストレスのコーピング（対処法）やポジティブなものの考え方などによって乗り越える，がまんする，押さえる，気にしない，落ち着くといった健常児と同レベルの「立ち直り力」（精神的な強さ）を身につけることはきわめて重要である。

2 **障害児の感情への配慮**　障害者の感情は健常であると考えられるため（感情健常論，第12章参照），障害児への対応において人間性をおろそかにした不用意な言動は控えなければならない（芝田，2010b）。重度や重複障害の程度によっては，その受容や表出が不十分であるために感情が健常ではないようにとらえられるが，詳

細に表情などを観察すればなんらかのサインが表出されていることがわかる。学校や社会，時には家庭でさえも「あまり感じていない」「健常児が感じるような感情は欠如している」などと認識され，その結果，障害児に対してその尊厳を脅かし，その感情を傷つけ，ストレスとなるような言動とならないように注意したい。

5）生きる力と知恵

　生きる力と知恵は，自立活動の，健康の保持，心理的な安定，人間関係の形成にまたがる内容である。学習指導要領では，子どもたちの現状をふまえ，「生きる力」を育むという理念のもと，知識や技能の習得とともに思考力・判断力・表現力などの育成が重視されている。特別支援教育では自立活動は生きる力そのものという側面がある。児童生徒にとっての生きる力として，一般的総合的なものに加えて重要視したいのが，中央教育審議会がキャリア教育について示した4つの「基礎的・汎用的能力」（①人間関係形成・社会形成能力，②自己理解・自己管理能力，③課題対応能力，④キャリアプランニング能力）にも関連する日常的な生活において大切な知恵といえるもので，これは障害児にはとくに重要である。これには対自己的な知恵と対他者的な知恵があり，これらを身につけることは活動・参加を遂行するうえで非常に大切である。

1　対自己的な知恵　対自己的な知恵は総合して「生きる力」を育むことに通じ，基礎的能力の心理的課題と関連が深い。

　①自己管理：タイムスケジュール，金銭といった日常生活動作に関連した管理
　②能率的・効率的な計画と遂行，実行機能，ワーキングメモリ
　③忘れ物やミスといったヒューマンエラーの防止
　④自信と立ち直り力：前向きなものの考え方（ポジティブ・シンキング），合理的思考，日常的な小さなストレスへの対処法（ストレスコーピング），ストレス耐性の向上，参考となる各種の人生訓の理解

2　対他者的な知恵　対他者的な知恵は他者を「生かす力」（人間理解，その延長としての障害理解）をとおして自己の「生きる力」の育みに通じる。基礎的能力の社会性と関連が深い。

　①他者尊重的意識と態度：個々の違いの相互容認を柱とする個人の尊重，共感，心づかい，心くばり，協調性など
　②社会性：礼儀・マナー，挨拶・おじぎ，日常的言動と事務的能力（人や電話の応対，報告・連絡・相談，伝言，断り方，謝り方，きまりの順守，手紙・各書類・申請・申込などの書き方，その他），冠婚葬祭関連知識など

■5．自立活動実施における重要事項

6）障害理解

　障害理解は，自立活動の，心理的な安定，人間関係の形成にまたがる内容である。障害理解とその教育は人間理解が基礎である（芝田，2010b，2011a，2013b）。一般に障害理解教育は健常児に対するものと認識されがちだが，障害児にとっても重要で，障害者に対する障害理解は，人間理解，総論的な障害理解だけでなく，各論的な全障害の理解や障害者自身の障害認識と障害受容にも及ぶものである。障害理解に関する指導は，自立活動だけでなく，道徳，総合的な学習の時間，特別活動，さらに全教科，全学校活動とも関連しての実施が適切である（障害理解については第12章参照）。

7）歩行（定位と移動）

　歩行（定位と移動）は点字等のコミュニケーションと共に大きな活動制限となっているにもかかわらず，その大切さ，歩行訓練士による指導の必要性などが特別支援教育としてあまり注目されておらず，重要視されなければならない内容である。歩行（定位と移動）は，自立活動の主に，環境の把握，身体の動きにまたがる内容だが，それだけでなく歩行には不安や恐怖が随伴することから，心理的な安定とも，歩行中に他者に対する援助依頼が必要となることから，人間関係の形成，コミュニケーションとも，そして歩行運動という観点から，健康の保持とも関連する総合的な指導内容で自立活動の中心的内容となるものである。

　視覚障害者の歩行（定位と移動）はアメリカではオリエンテーション・アンド・モビリティーといわれる。このオリエンテーション（orientation）は「定位」を意味し，「環境内の自分のいる位置と目的地の位置を他の重要な事物との関連において認知すること」をいう。モビリティー（mobility）は「移動」であるが，可動性，運動的に言う機動性であり，「移動できる」という意味がある（Western Michigan University, 1974）。したがって，アメリカでは視覚障害者の歩行（定位と移動）を単に「歩行」とはいわず，「定位と移動」とよんでおり，定位にも1つの主眼を置いている。これに対し，日本では歩行訓練とよばれており，歴史的に単なる歩くという運動の訓練や白杖操作方法を習得する訓練と誤解されて移動面に重きが置かれ，定位がないがしろにされてきた傾向がある（芝田，2010a，2013a）。

　2014年にわが国が批准した障害者権利条約（第24条教育）にはこの歩行（定位と移動）が明記されているが，原文にある"orientation and mobility"に対する公式訳文（外務省）が「定位と移動」となっていることは，視覚障害教育・リハビリテーションで実施されている歩行訓練が少なくとも行政的にはあまり認知されていな

いことを示唆している（芝田，2014b）。歩行（定位と移動）は専門の教員・指導員である歩行訓練士によって実施される。これらに関して学校教育法をはじめ，学習指導要領においても十分にその内容等が記載されておらず，教育制度的には不十分な状態に置かれているが，これは先進国では日本だけである（芝田，2012，2013a）。したがって，早急に歩行（定位と移動）と歩行訓練士による指導の必要性，重要性についての行政的措置が求められ，そのため，単に「歩行」とはせず，「歩行（定位と移動）」と表記している（歩行については第5章参照）。

8）重複障害者の自立活動の考え方

以下に重複障害者の自立活動に関する考え方を列記する（芝田，2010a，Pp. 285-288）。

①重複障害は単一障害よりも個人差が大きく，多様である。そのため，重複障害としての自立活動に対する一般的な総論，あるいは概論は定めにくい。したがって，ケースAの内容・方法はそれだけのものであり，ケースBへの適用は難しいことが多い。

②その重複障害者個人のQOLとウェル・ビーイング（自立活動の，健康の保持，心理的な安定）がまず念頭に置かれ，さらにストレスへの配慮が不可欠である。

③各ケースごとに，そのニーズ・課題等をICFに基づいて検討し，いわゆる「領域・教科を合わせた指導」を視野に入れて自立活動の内容・方法を定める。

④知的障害系と非知的障害系に分けて検討することが大切である。

9）基礎的能力と自立活動の相互関係

基礎的能力と自立活動の相互関係を以下に記すが，基礎的能力では，健康の保持はすべてに関係する（図4-2）。

```
知識　　←→　環境の把握，身体の動き，コミュニケーション
感覚・知覚　←→　環境の把握
運動　　←→　身体の動き
社会性　←→　人間関係の形成，コミュニケーション
心理的課題　←→　心理的な安定，人間関係の形成
```

図4-2　基礎的能力と自立活動の関係

6．生活訓練

　前述のように視覚障害者リハビリテーション施設では，自立活動の内容である社会適応訓練は生活訓練とよばれて実施されている。

1）生活訓練の受講と社会適応能力

　視覚障害者の中には，あえて生活訓練を受けなくても社会適応能力のすべてあるいは一部を独習的・習慣的に身につける場合があるが，施設において生活訓練を受講したほうが質の高い社会適応能力を習得することができる。

2）視覚障害者リハビリテーション施設

　視覚障害者リハビリテーション施設には，指導者が視覚障害者の自宅へ赴いて生活訓練を行なう在宅型（訪問型）施設，および視覚障害者が施設の寮に入って，または通って指導を受ける入所・通所型施設がある。生活訓練の中で歩行訓練と日常生活動作訓練は在宅型で自宅付近や自宅内での実施が効果的である。そのため，入所・通所型で基本的な指導を受けた後，在宅型によって実践的な指導を受けるという方法が適している（芝田，2010a）。

3）視覚障害者リハビリテーション施設・生活訓練の課題

　一般には視覚障害リハビリテーションや生活訓練についての周知が不徹底であり，受講を考える以前にその存在が知られていないところがある。さらに，視覚障害者が希望しても近隣で，そして早期に受講できるという状態になっていない地域も少なくない。また，視覚障害者リハビリテーション施設には組織的体質的な問題がみられるところがあるが，これらを含めて以下の課題がある（芝田，2012）。

①視覚障害者に対する的確な広報の実施：自治体，医療機関，教育・リハビリテーション・福祉機関等が主体的に実施
②視覚障害者リハビリテーション施設の増加：施設が存在しない県に設置
③視覚障害者リハビリテーション施設の質的向上
④生活訓練内容の充実，および指導者の質的向上と増加

7．指導の実際

1）社会適応訓練実施の条件

　社会適応訓練を進めるにあたっての基本となる条件は表4-3にあげた4つで，指導はこれらの条件に即しながら行なわれる（芝田，1996）。

表4-3 社会適応訓練実施の条件

①安全性の確保：コミュニケーション訓練の場合は正確性の確保，歩行訓練の場合は安心感も付加
②能率性の検討：無駄のない方法
③社会性の検討：見た目に自然な動きや容姿
④個別性の検討：視覚障害者の希望する方法や行ないやすい方法

　歩行訓練や日常生活動作訓練における安全性，およびコミュニケーション訓練における正確性の確保が第一義であり，能率性の向上を含む他の3つは並列で第二義である。安全性は，その環境・状況において想定されるあらゆる安全性・危険性を意味し，能率性は，無駄のない方法を意味する。人は行動において能率性を追究する傾向にあり，過剰な能率性の追求，つまり慎重さを欠く，速く行なうなどによって安全性や正確性が低下するため注意が必要である。社会性は見た目に自然な動きや容姿，個別性は視覚障害者の希望する方法や行ないやすい方法で視覚障害者の主体性，意思の尊重に関連している。ただし個別性はどちらかといえば成人の視覚障害者が対象となる。それは発達途上にある視覚障害児と異なり，成人は独自の考え方や方法をすでに保持しており，その変更に対する柔軟性が乏しいケースがあるからである。視覚障害児には自己決定力を育む指導は必要だが，小学部や中学部の段階ではまず安全性や正確性の確保を主体に基本となる内容を指導し，個別性は視覚障害児の特別な希望があれば検討するという考え方が妥当である（芝田，2010a）。

2）指導と援助

　対象となる課題について視覚障害者の能力が向上することが指導の目標である。したがって，特別な場合を除いて，課題が実践されやすいように指導者が環境や方法を不自然に操作することは避けなければならない。つまり，過剰な援助によってその能力が向上せず，あるいは低下するようなことは指導の目標ではない。指導と援助が混同されてはならない。

3）能力の可能性と限界

　指導は総じて視覚障害者の能力を最大限に向上させることを目的として行なわれるため，能力的な限界について考慮しながら，その可能性を追求することが主眼となる。しかし，たとえば，歩行（定位と移動）や日常生活動作の中の調理のように危険が伴うものは，上記の「条件」に基づいて限界を判断することが必要となる。ただし，これは視覚障害者が単独で行なう場合のことであり，その際には限界を越

えた場面での新たな方法（たとえば，手引きによる歩行）についての指導が行なわれる。

4) 実生活の準備としての指導

社会適応訓練は実生活に備えたものであり，実生活の準備としてとらえられる。したがって，その場限りにならず，機会をとらえて視覚障害者が多くのことを経験できるようにするが，「指導のための指導」とならないように留意する。

5) 実態把握・ニーズ・潜在的能力

社会適応訓練は，専門の指導者による障害者の年齢，視覚（視力，視野），発達等の心身の状態，ニーズ，基礎的能力，習得力，生活環境，家族の理解度といった実態把握（アセスメント）やインテークに基づき，無理のない状態で最良の方法・内容が検討されて進められる。教育では実態把握によって個別の教育支援計画や個別の指導計画が作成されて指導が行なわれる。ただ，把握された実態，ニーズ，潜在的能力の関係では，障害者が自身の潜在的能力に気づかずそれより低いレベルのニーズを提示する場合，障害者のニーズと潜在的能力が一致しない場合（ニーズ＜潜在的能力，ニーズ＞潜在的能力），実態のレベルよりも高い潜在的能力を障害者が獲得できる可能性の追求を指導者が怠る場合等がみられるため注意しなければならない。指導者は，障害者の実態把握，ニーズ，潜在的能力を客観的に検討しながら，その能力を伸ばすという目標（教育基本法第2条）を忘れないようにしたい。

6) 評価とそのあり方

評価は，指導者の主観的なものを排除し，常に客観的に実施されるのが原則である。そのあり方は，①確実に指導した後に行なうこと，②遂行可能という段階で行なうこと，③指導した内容について行なうことである。加えて，④他の視覚障害者との比較ではなく，その視覚障害者のこれまでの状態との比較による評価でなければならない。その方法は，社会適応が生活的社会的であることから，優，良，可といった形式ではなく，社会適応訓練実施の条件の安全性あるいは正確性が確保されたうえで「問題なし」を最上位に置き，それ以下は「やや問題あり」「問題あり」とするのがよい（芝田，2010a）。

7) 指導用教材（用具）

指導用教材には，さわる絵本，立体模型，触地図，物差し・定規（第8章図8-3参照），そろばん，拡大本，スポーツ用の鈴入りバスケットボール・バレーボール・サッカーボールや鉛玉入りのピンポン球等があり，市販されている。また，資料等の作成には立体コピー，拡大コピー，レーズライター（表面作図器）等が利用

される。その他，補装具や日常生活用具（各市町村が指定）も活用される。補装具は，盲人安全つえ（白杖），義眼，眼鏡（矯正眼鏡，遮光眼鏡，コンタクトレンズ，弱視眼鏡）である。日常生活用具には，点字器，視覚障害者用ポータブルレコーダー，盲人用時計（触知式，音声式，振動式），点字タイプライター，電磁調理器，盲人用体温計（音声式），点字図書，盲人用体重計，視覚障害者用拡大読書器（第8章図8-1参照），点字ディスプレイ，視覚障害者用活字文書読上げ装置，福祉電話・ファックス（貸与），地デジ受信機能（テレビ）付きラジオ等がある。

8. ファミリアリゼーションの重要性

　ファミリアリゼーションとは，未知状態にある事物，場所，地域等を既知状態にすることで（第7章参照），教育・リハビリテーションでは視覚障害者の活動能力を左右する非常に大切な内容である（第1章参照）。教育領域ではその必要性の認識が十分ではないところがあるため高めていかなければならないが，その実施には歩行訓練士による研修受講が必要である（第5章参照）。

1) 習慣化とつまずき

　屋内および限定された屋外環境の把握や歩行（定位と移動）は，歩行訓練士等専門家による系統立った方法でファミリアリゼーションが行なわれなくても，非専門家からの説明や視覚障害者自身による偶発的な学習を含む独習を基礎とする習慣化によって可能である（芝田，2006）。しかし，これでは環境に対する理解が不十分であることから安全性の低い歩行となり，つまずきや事故の発生が不可避となることがある。視覚障害者の歩行中の事故は，歩行能力における歩行技術の習得と駆使，地図的操作，身体行動の制御と共に専門家によるファミリアリゼーションを受けていないことから起きる事例が多数報告され，また，事故に遭遇した視覚障害者の半数以上は歩行訓練の未経験者であったという発表もある（安部ら，2004）。したがって，独習等と習慣化によって環境認知および歩行がある程度可能にはなるが，ファミリアリゼーションを含む歩行訓練を受講することはきわめて重要である。

2) 新規な環境

　視覚障害児は，家庭でははいはいを含む始歩の時期，幼稚園・保育園入園時，小学校入学時など，新規な環境を経験する際にはファミリアリゼーションが不可欠である。スターコ（Suterko, 1973）も学校入学時における確実なファミリアリゼーションの必要性を指摘している。しかし，視覚特別支援学校，特別支援学級のある

通常学校への入学時等の初利用時などにおいてファミリアリゼーションが看過され，他者からの説明や本人の独習による粗略理解になっているにもかかわらず表面上は習慣化によって歩けていると教員が認識している現状がみられることがあり，注意したい。これは，視覚障害者リハビリテーション施設においても同様で，視覚障害者が新規に利用する際には，まずファミリアリゼーションが不可欠である。

3) 視覚障害児の歩行姿勢

視覚障害児の歩行姿勢について，中村ら (1990) は背筋の前傾，頭部の斜前方への屈曲，腕の振りがない，肘関節の伸展，股関節の小さい伸展と屈曲が晴眼児との比較においてみられるとしている。また，歩行運動はすり足で，歩行の立脚期が踵接地，足底接地，立脚中期，踏み切りの4段階に分離されていないケースがみられ，文部省 (1984)，矢野ら (1978) 等も視覚障害児の姿勢の総合的な拙劣さを指摘している。その原因としては運動量の絶対的不足と運動経験の制限があげられている (佐藤，1991)。しかし，それだけでは十分な説明になっておらず，新規の環境に対するファミリアリゼーションの欠如や不十分さがより大きな要因である。つまり，新規の環境の把握が不完全であることから起きる衝突，落下等の危険な経験をすることによってこのような視覚障害児に特徴的な防衛ともいえる姿勢が自然と獲得されたのである。したがって，繰り返すが，新規な環境での行動にあたっては始歩の時期から確実なファミリアリゼーションを実施したい。

4) 空間認知

視覚障害児には空間の理解（空間認知，空間概念，空間定位など）が不十分であるという声をよく聞く。たとえば，「教室内から廊下へ出るドアの位置がまだ分からない」「歩き慣れているはずの校内でまだ迷う」「長期休暇後にそれまでは迷わずに歩行できていた校内で迷う」などである。これらの例は，空間認知などの対象というよりは，単にその場所に対する未知の部分がまだ多く，既知度が低い結果である (芝田，2010a，Pp.276-278)。つまり，これらの多くはファミリアリゼーションの不十分さに起因している。空間の理解には，既知地図化法（後述）における教室内，校内，自宅・学校近隣の道路などの身近な環境から開始される「確実」で「きめの細かい」ファミリアリゼーションと，関連する基礎的能力の知識などの指導を積み重ねることによって環境に対する地図の概念化を図ることが必要である。

5) 未知環境・既知環境と研究

学術的な調査・研究は，視覚障害教育・リハビリテーションにとって重要な知見

となるためその遂行には細心の留意が必要である。

　視覚障害者にとって，高い活動能力を発揮するにはその環境をよく理解していることが重要であり，未知の環境と既知の環境ではその活動能力に大きな差が出ることはすでにふれた（第1章参照）。この既知環境における活動能力は，日常生活における歩行（定位と移動）やコミュニケーションという社会適応能力においてみられるためある程度周知されているが，実際はこれだけにとどまらず，感覚・知覚，空間認知，予測・注意等の基礎的能力にも及ぶことは比較的理解されていない。一般的にはこれらの基礎的能力はその環境の習熟度とは無関係な能力と認識されているようだが，未知環境に比して既知環境でより高い能力を示す視覚障害者は数多い。

　ところで，この未知環境と既知環境における社会適応能力および基礎的能力の差異という点を分析視角とした研究は見あたらないが，多くの視覚障害者に関する調査・研究にはこの概念の反映が大切である。両者を混在させ，実験参加者の環境に対する習熟度を黙視することによって，真の意味で実情，実態が不明確な結論が導かれることのないよう調査・研究のデザインには留意が必要である。とくに，つまずき・事故等の歩行，視覚障害者誘導用ブロック・音響信号等の歩行補助具，感覚と知覚，地図の把握・空間定位・方向感覚といった空間認知の研究においてこの点の考慮が重要である。視覚障害に関する調査・研究では，未知環境と既知環境における活動能力の相違，そこに介在するファミリアリゼーションの意味の投影を軽視してはならない。

　また，視覚障害児に関する調査・研究では，その事物や状況に対して未知であるか既知であるかが等閑視され，一般的には晴眼児に比較して視覚障害児における遅滞を示す多くの事態が指摘されている。しかし，ファミリアリゼーションや指導が十分になされておれば，別異な結論が導かれる事態もあろうことは想像に難くない。したがって，視覚障害児は質的量的に事物，状況，言語等に遭遇する機会に大きな制限を受けているため，いかに遅れているか，いかにできないかの調査・研究も大切ではあるが，それらよりは，いかに遭遇する機会を与えるか，いかに指導するかの方法とその普及に関する研究（すでに実施されてはいる。たとえば芝田，2010a）に主眼が置かれ，それがさらに充実・進展することが求められる。

9. 指導法

1）指導の意味

　教えるということは対象児・者が理解し，その内容が習得できて初めて成立する。指導者がただ単に話したり，伝達するだけ（無意識にこうなっているときもある）では指導にならず，対象児・者が理解する（習得する）ことが指導である（芝田，2010a）。この指導の意味は，視覚障害者だけでなく，全障害者，健常者，そして，コーチングなど他のすべての指導にも通じるものである。

2）指導の理念１：ストレスフリーとつまずき

　視覚障害をはじめ障害者には前述したようにストレスフリーが大切である。指導では，行動や言語における「間違う」「失敗する」「知らない」といったつまずきはストレスとなるため，これに関する指導法はきわめて重要である。

1️⃣**つまずきの防止を主体とする指導法（SH法）**　ストレスの防止や回復（訂正）に関する以下の指導を行なう。

　①つまずきの防止を主体とする方法（SH法）による指導
　②行動的につまずきから回復する方法の指導
　③精神的につまずきから回復する方法（立ち直り力，前掲）の指導

　つまずきの防止を主体とする指導法（SH法）は，指導者が視覚障害者がつまずきを起こす前にその行為を止めるのではなく，どのようにすればつまずきを起こさないですむか，その防止法を多くの環境と状況を想定して前もって指導するものである（芝田，2010a）。SH法は歩行訓練で実施されており，非常に効果的で他の科目や教科，さらに発達障害など他の障害者の指導にも適用できるものである。

2️⃣**つまずきと未知・未経験**　指導ではつまずきと未知・未経験の関係を認識しておきたい。つまり，つまずきが起きたとき，①既知・経験済みだがつまずいた場合（間違い）と，②未知・未経験であるためにつまずいた場合（知らない）があるが，この両者はつまずきでも質的に異なり，同等に評価しないことと未知・未経験を減らすことを心がける（芝田，2010a）。

3）指導の理念２：その他

1️⃣**うなずき，気づき，ひらめき**　授業などを含む指導全体では対象児・者に対して，①うなずき，②気づき，③ひらめきの３段階を基本として進めることが大切である（芝田，2013b）。

2️⃣**心理面・認知面の配慮**　障害者を個人として尊重することを大前提として以下のような点を配慮事項として重要視する（芝田，2010a）。

①意欲，自信，立ち直り力：障害者自身が認知・自覚することを大切にする。
②歩行における恐怖感，不安感
③ラポート（ラポール）
④言葉かけと動機づけ：障害者につまずきがあっても指導において意欲が高まるような言葉かけが重要である。

3 **学習心理学の知見** 指導に際して，強化（賞を主とする強化，間欠強化と連続強化，直後強化と状況に応じた強化），分散学習と分習法，記憶の方略，シェーピング，スモールステップといった学習心理学に基づく知見は不可欠である。

4 **概念化（概念習得）の過程と様相** 基礎的能力の指導項目には，「学習して記憶したもの」というより「見慣れているもの」「聞き慣れているもの」といった表現がふさわしい対象が多い。つまり，基軸に「習慣化」の要因があり，それは母国語の習得過程に酷似している。この考え方は，健常児のように視覚による模倣が不可能か困難な視覚障害児に対する基礎的能力の指導では基本であり，重要である（芝田，2010a）。

概念習得，つまり概念化の過程について，クラウスマイヤーら（Klausmeier et al., 1974）は，①具体的水準（concrete level），②同一性水準（identity level），③類別的水準（classificatory level），④形式的水準（formal level）の4つを示している。概念化には，その前提として，「具体的水準」において多くの事物，ことがらに関する経験が不可欠である。その後，それらが十分になったところでそれを基にして「同一性水準」「類別的水準」にステージを進めることができ，最終的に「形式的水準」にいたる。視覚障害児では多くの事物，ことがらに関する経験が十分でないことがあり，健常児と比較すると形式的水準にいたらないか，いたるには非常に長い期間が必要となる。

4）基礎的能力の指導

この基礎的能力の指導に関しては芝田（2010a）に詳しい。

1 **指導のあり方：指導というよりはたらきかけ** 基礎的能力の指導は乳幼児期からの開始となるが，その実態はいわゆる「指導」ではなく，日々の視覚障害児への「はたらきかけ」「対応」「周囲の配慮」であり，就学後に行なわれる「勉強・学習」的なものではない。主眼は既知となる対象の増加と知的好奇心の高揚である。基本的に視覚障害児の概念化のために可能な限り多くの経験ができるようにはたらきかけることである。その他の主なあり方を以下に掲げる。

①楽しい学習として実施

②概念化など日常的な繰り返しの必要性と多様な経験
　③気づかせ，考えさせる指導

2 指導に携わる者　指導に携わる者は，就学前は家族・幼稚園教員・保育士，就学後は教員・家族が主である。

3 指導内容・方法　指導内容・方法は，家族という非専門家を主対象とすること，さらに視覚障害教育に不慣れな教員も実施できることを目的としているため，専門的な講習会等の受講がなくても実施できる平易なものが主体となっている。

　主な指導内容・方法は以下である。

①状況の提示と必要に応じた機能の説明・語りかけ：さまざまな事物の名称等を語りかけ的な状態で提示し（状況の提示），可能ならば触れさせる。この段階では，語りかけによってものには名前がついていることも知らせ，気づかせる。

②家族等周囲の用語の使用（家族間の会話）：家族等周囲の者が事物等を指し示す具体的な言葉や用語，方角などを使用することで聴覚的な学習を高める。

③主体的な行動：周囲の者が安全性を確保したうえで視覚障害児が主体的に自由に動くことでより質の高い経験とする。

④機能性を主体とする指導：その対象にふれた当初は「○○（名称）とはこういう意味である」よりも「こういう状況，状態を○○とよぶ」という方法で行なう。

⑤具体的な対象との連合：左右，方角，地図などは既知の教室内，自宅付近の対象といった具体的なものに置き換えて学習する。

　次に，この指導内容・方法①～⑤の実施時期を年齢別の4段階に分類して示す。

　段階1（0歳，あるいは視覚障害となった時から開始・その後継続）：①，②

　段階2（ハイハイができる時から開始・その後継続）：③（①，②に追加）

　段階3（コミュニケーションがとれる時から開始・その後継続）：④（①，②，③に追加）

　段階4（就学後から開始・その後継続）：⑤（①，②，③，④に追加）

5）総合的な指導の留意事項

　以下は各教科等すべてに関する総合的な指導の留意事項である。

1 共通の言葉・用語の設定　指導者と視覚障害者間で共通の言葉，用語を作成し，定めておく。これは，視覚障害者には言葉だけで伝えなければならないため，誤解や理解不足を避けること，指導の効率化を図るためである（第7章参照）。

2 **日本語を主体とする用語**　体系的な歩行訓練はアメリカの影響を受けているため英語の用語（カタカナ）が少なくない。しかし，歩行訓練や他の指導において英語を使用することは可能な範囲で控え，指導は日本語を主体としてわかりやすい用語で行なう（芝田，2010a）。

3 **既知地図化法（地図学習）**　地図学習では，確実にファミリアリゼーションされた既知環境（教室内，校内，学校付近等）を地図化するという方法が効果的である。この指導法は地図化の基礎となるもので既知地図化法という（芝田，2010a，2011b；芝田ら，2011）。

4 **バーバリズム**　バーバリズム（verbalism）とは，実態を理解せず，定義的な言葉だけによる理解を意味する。視覚障害児に対する指導で陥りがちな点であり，留意したい。

5 **教科等の主な留意点**

①基礎の理解の重要性と必要性：基礎的能力とも関連する。

②視覚障害児の主体的な活動：視覚による模倣が困難であるため。

③全体像の把握ときめ細かな指導

④触覚（指先を目とする）による探索：物にふれることを嫌がるなど感覚過敏がみられることがあり留意が必要。

⑤聴覚（音声など）を主体とする授業

⑥時間的な余裕の確保と指導内容の精選

⑦屋外・校外における指導の重要性と必要性：授業には時間的制約はあるが，生活科，理科，社会科等には欠かせない。

6 **その他の主な留意点**

①相似関係の理解：縮小と拡大に関する相似関係の理解（知識，感覚・知覚）で，視覚障害児にとって模型によって実物を理解するのと同様，相似関係の理解は難しい。例として，箱を利用し，ⅰ）まず掌に入る程度の大きさの箱，次いでⅱ）両手で抱える程度の大きさの箱，そしてⅲ）視覚障害児が中に入れる程度の大きさの箱というように段階的に大きくした箱の理解によって相似関係の指導を行なう方法がある。

②時計の文字盤を使った方向の活用：3時の方向，9時の方向などといい，これをクロックポジションという。ファミリアリゼーション，教室内や机上の教材・物の位置の説明，風景の説明等に活用できる（第10章図10-13参照）。そのために，視覚障害児（小学部もしくは中学部から）には音声式ではなく触知式

の時計（日常生活用具の盲人用時計）を所持させて日頃から文字盤に慣れておくようにする。

③公共交通機関利用の促進：基礎的能力，社会適応能力，その他各教科等の理解と経験を豊富にするため，できるだけ公共交通機関を利用するとよい。

④保護者への指導・支援：自立活動に限らず，家庭でも対応できる内容があり，その指導・支援は大切である。手引きによる歩行（Bの方法＝介助としての手引きの方法，第10章参照），ファミリアリゼーション等については保護者等家族への研修が必要である。

第5章　歩行（定位と移動）とその指導

1．視覚障害者の歩行（定位と移動）

　健常者の場合，歩行は苦痛や精神的疲労を伴うような大変なことではなく，むしろ，散歩や散策といったような，気楽なここちよい運動といえる。それに対して，視覚障害者では歩行（定位と移動）は常に安全性の確保を念頭に置かなければならず，それには大きな精神的エネルギー（緊張感）が求められるものである。したがって，視覚障害者にとって散歩や散策は容易なことではなく，歩行は非常に大変な行為といえる。視覚障害者の歩行（定位と移動）を可能とする要因は，第4章に示した活動能力を向上させ，参加を可能にするための3つの要因と同様である。また，アメリカでは視覚障害者の歩行をオリエンテーション・アンド・モビリティーということ，「歩行（定位と移動）」と表記することも第4章で述べた。

2．歩行訓練の定義

　歩行訓練の定義は，4つの歩行の条件（社会適応訓練実施の条件に同じ，第4章参照）のもとで，5つの基礎的能力および5つの歩行能力を駆使して歩行できるようにすることを培うものである。したがって，歩行訓練の重要なキーワードは，4つの歩行の条件，5つの基礎的能力，5つの歩行能力の合計14項目である（表5-1）。

表5-1　歩行訓練の14の重要項目

4つの歩行の条件	①安全性・安心感の確保，②能率性の検討，③社会性の検討，④個別性の検討
5つの基礎的能力	①知識，②感覚・知覚，③運動，④社会性，⑤心理的課題
5つの歩行能力	①歩行技術の習得と駆使，②地図の操作，③環境認知，④身体行動の制御，⑤情報の利用

1）基礎的能力

　基礎的能力が習得されていないと歩行訓練が実施できないわけではなく，また基礎的能力が低いと歩行が不可能というわけでもない。しかし，この能力が不十分である場合，歩行訓練が効率よく進まず，その歩行がある程度狭い環境に限定される可能性がある。つまり，比較的短期間の歩行訓練で歩行能力を獲得するために，さらに，今後の歩行をより広範囲に展開するためには歩行能力だけではなく，基礎的能力の習得が重要である。

2）歩行能力

　歩行能力は，表5-1のように5つで構成されているが，これらのうち，「地図的操作」「環境認知」は定位，「歩行技術の習得と駆使」「身体行動の制御」は移動であり，「情報の利用」はこれらとは独立した能力である。なお，「歩行技術の習得と駆使」は視覚障害独自のものだが，他の4つは健常者の歩行能力と同様である。

①歩行技術の習得と駆使：手引きによる歩行，補助具を使用しない歩行，白杖による歩行，盲導犬による歩行，その他の補助具による歩行がある。その他の補助具による歩行は，白杖もしくは盲導犬による歩行の補助として使用される。

②地図的操作：ルート作成，ルート変更，行動計画等がある。

③環境認知：クルー（手がかり）やランドマーク（目じるし）といった情報の分析・判断により，現在，自分がその道路上，あるいはルート上のどこに位置しているかを定めることである。

④身体行動の制御：環境認知や地図的操作に沿い，必要に応じて歩行技術を駆使して適切に手指，腕，足脚，身体を行動（歩行）させることである。

⑤情報の利用：情報には，援助依頼等の他者からの情報と地図からの情報の2つがある。この地図の主要なものに道路等が凸状になっている触地図がある。

　一般に，視覚障害者の歩行の容易さはその歩行環境の熟知度に左右されることがある。そのため，歩行訓練だけでなく，未知の場所等を説明によって既知にするファミリアリゼーション（第4章，第7章参照）の程度も重要なファクターである。また，視覚障害者が1人で歩くことを単独歩行というが，これは家族，友人，知人等の手引きに依存しない歩行をさしている。したがって，まったくの独力歩行を意味しているのではないため，単独歩行には他者に対する援助依頼が大切となる。

3. 歩行補助具（用具）

　歩行補助具である白杖，盲導犬，視覚障害者誘導用ブロック等はあくまで補助具であって，歩行において主要な点はこれらを駆使する視覚障害者の歩行能力であることを忘れてはならない。

1）白杖

　白杖の材質はグラスファイバーかアルミ合金が主で，直杖と折りたたみ杖の2種類がある（図5-1）。直杖は，耐久性，伝達性の面で優れているが，使用しないとき，喫茶店，レストラン，電車，バス等で座席に座った場合，置き場に困ることがある。折りたたみ杖は，使用しないときにはバッグに入れるなど利便性があるが，つなぎ目部分（ジョイント）が弱点となり，耐久性，伝達性の面で直杖より劣る。

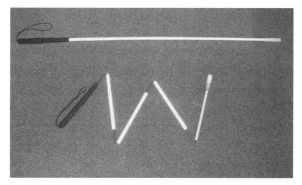

図5-1　直杖と折りたたみ杖

　この白杖を携帯する目的には以下の3つがある。
①安全性の確保：前方を確認することで，物体や段差等の落ち込みを判断し，身体を保護する。
②情報の入手：路面の変化，目じるし等の情報を入手する。
③視覚障害者としてのシンボル：社会の注意を喚起する。

2）盲導犬

　盲導犬は，優秀な親犬（繁殖犬）から生まれた後，まず，生後2か月ぐらいからパピーウォーカーというボランティアの家庭に約1歳まで預けられる。そして，訓練施設に戻った後，その適性をみたうえで，施設にもよるが，半年から1年程度訓練を受ける。その後，視覚障害者と共同訓練を受け，盲導犬として活動するが，現在，約1,000頭の盲導犬が活動している。なお，盲導犬による歩行においても白杖

を携帯する場合がある。

　盲導犬は，曲がり角，段差等を知らせ，直進歩行を誘導するといった歩行能力のうちの一部の環境認知，身体行動を補助してくれるものである。しかし，基本的に地図的操作，環境認知，情報の利用は視覚障害者が行なわなければならない。

　身体障害者補助犬法（聴導犬・介助犬も含む）により，ホテル，レストラン等での盲導犬の入店や利用を拒否することは禁止されているが，ペットと同様に考えられ，拒否される例がみられる。盲導犬は十分に訓練された犬で，視覚障害者の大切なパートナーであり，社会には盲導犬を積極的に受け入れていく姿勢が求められる。

3）視覚障害者誘導用ブロック

　視覚障害者誘導用ブロックはいわゆる点字ブロックといわれるもので，その形状は日本工業規格（JIS）で規格化されており，敷設については国土交通省の指針がある。これには有意義なところはあるものの現状では留意点，課題，改良の必要性がある。

1️⃣ **種類と敷設場所**　線状ブロックと点状ブロックの2タイプがあり（図5-2），さらにホーム縁端警告ブロック（図5-3）がある。その敷設場所の現状は以下のようになっている。

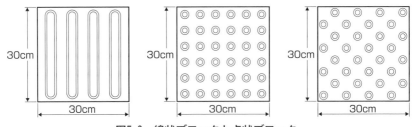

図5-2　線状ブロックと点状ブロック

①線状ブロック：動線的なもので，道路，通路等に敷設
②点状ブロック：目印的なもので，線状ブロックの分岐・屈曲・停止位置，ホームの縁端付近，建物等の出入り口，階段の上り・下り口，点字案内板・券売機・エレベーター・エスカレーター・バス停の前，交差点の歩道上等に敷設
③ホーム縁端警告ブロック：点状ブロックにホームの内方を表示する線状突起を1本追加したもので，ホームの縁端から80cm以上離した場所にホームの長軸方向に沿って連続的に敷設

■3．歩行補助具（用具）

a．一体化したブロックの例　　b．2枚のブロックに分けて敷設する例

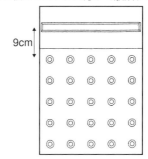

図5-3　ホーム縁端警告ブロックの例

2 **触覚と歩行（定位と移動）の留意点**　足底で，しかも靴を介しての触知であるため，視覚障害者誘導用ブロックか地面の凹凸か，さらに線状か点状かの弁別が困難となる場合がある。また，視覚障害者にとっては，いきなり視覚障害者誘導用ブロックが現われ，しかも一瞬だけ触れる場合がほとんどであり，時間をかけて確認（触察）することが常態ではない。したがって，視覚障害者誘導用ブロックが敷設されておれば確実にそれが認知されているとは限らない。以下はその留意点である。

①敷設されている路面（地になる部分）と触覚的な差がある程度明確でないと見つけるのが困難である。
②道路に凹凸があると視覚障害者誘導用ブロックと誤認する。
③確認に時間が必要な場合がある。

線状ブロックを動線的に利用してその上を歩行（移動と定位）するのは容易ではなく，白杖による伝い歩きによって視覚障害者誘導用ブロックをガイドラインとして利用する方が歩きやすく，能率的である（芝田，2010）。

3 **敷設の課題**　次に，敷設の課題について述べる。

①敷設ルートのファミリアリゼーション：視覚障害者がどのように敷設ルートや利用法を知るのかに注意が払われていない。ファミリアリゼーション（未知を既知にする説明，解説）が行なわれなければ利用が困難となる。それには敷設者側による公的なPRと援助（説明），社会の援助（説明）が求められる。
②敷設の路面：敷設する路面（床面）は可能な限り滑らかなものとする。
③要望・申請と補修：敷設場所に応じて，道路では国土交通省，都道府県市町村の役所，警察等，交通機関では民営鉄道，JR，市営交通等と要望先・申請先

が異なる。また，視覚障害者誘導用ブロックの欠損，凸部の摩滅に対する補修が不十分な場合がある。

④安全性の確保：視覚障害者誘導用ブロックは補助具であり，これだけで安全性の確保は難しい。事故は，視覚障害者誘導用ブロックがあっても他の環境設備・人的援助の不十分さ，視覚障害歩行者の勘違い等の理由で起きている。したがって，視覚障害者誘導用ブロックだけでなく，他の安全設備の設置，必要に応じた敷設者や社会による手引き等の援助が欠かせない。なお他の設備として，電車のホームを可動式の入口のある壁で囲い，電車のドアと連動させて開閉させるホームドア（可動式ホーム柵）は安全性の面できわめて優れたもので，普及が進んでいる。

4 **形状と指針の改良**　視覚障害者誘導用ブロックには改良が求められるが，以下はその主なものである（芝田，2011）。

①点状1種類とする：視覚障害の活動能力・活動制限からみれば，線状ブロックと点状ブロックの2種類に分け，それぞれに意味をもたせるという現行の敷設方法よりは，点状ブロック1種類とし，on-offというその存在の有無だけを判断するような単純な意味をもたせた方が安全性や能率性は向上する。

②ホーム用の改良：ホーム縁端の警告用の敷設方法として，ホームの縁端から少なくとも点状ブロック2枚分（約60cm）をホームの長軸方向に沿って連続的に敷設する。これはアメリカやカナダで敷設されている方法であるが，これならホーム縁端付近に近づくと点状ブロックを必ず認知することになり，現行よりはホーム縁端が分かりやすく安全性の確保が向上する。

③総合的な指針の改良：非能率的なルートでの敷設，その上を歩行（定位と移動）することで迷うことがあるなど見直しが希求される。

5 **社会の理解**　社会は，視覚障害者誘導用ブロックだけで視覚障害者の歩行（定位と移動）は十分であると考えがちなため，援助依頼が困難となることがあり，社会の理解も合わせて考えたい。加えて，社会は，その上を視覚障害者が歩行しなければならないと考え，さらに，そのように誘導することがある。視覚障害者によってはあえてこれを利用する必要のない場合もある。援助をする際，これを利用するかしないかは視覚障害者に尋ねることが肝要である。この他，視覚障害者誘導用ブロック上に商品等の物を置いたり，駐車・駐輪をすることは歩行の障害となる。

4）**音響信号**

音響信号は，横断方向の音源定位が容易な鳴き交わし方式や吹鳴方式が一般的で

ある。これには，前もってその意味（どの音のときにどちらが青であるか等）と押しボタン位置のファミリアリゼーションが必要である。この押しボタン位置の報知について，北欧では常に機械音を発生させるという工夫がなされており（鈴木，2003），わが国でも検討する価値があるだろう。また，この音響が騒音となって地域の住民からの苦情があるため，その音量と機能する時間帯が制限されている場合があるが，これに対して視覚障害者からは「踏み切りの警報音は騒音でも止められることはないのに，なぜ音響信号が止められるのか」という意見（毎日新聞社，2004）等があり，課題となっている。

5）その他の補助具

その他の補助具には，誘導チャイムや音声案内装置，階段の手すり・エレベーター等に貼付されている点字案内表示，点字運賃表，弱視者用の拡大表示等がある。また，携帯電話，GPS，ICタグ等を利用してナビゲーションを支援するいくつかの歩行補助具の開発・研究も行なわれているが，課題もある。また，ハイブリッド車や電気自動車の静かな走行音は，視覚障害者を含む歩行者にとって危険なためエンジン類似音を出す装置の搭載が進められている。

6）歩行補助具の課題

現在，視覚障害者のナビゲーションを支援する補助具は，目的地・障害物等の位置，また視覚障害者自身の位置，目的地までのルート等の情報を視覚障害者に伝達する目的で開発・考案されている。情報は聴覚的，触覚的な信号で発信され，視覚障害者はそれに反応する。つまり，その情報の意味を理解して，自らの歩行に役立てるということがナビゲーション支援の主な目的である。その効用は，情報発信の主体が補助具にあるのか，視覚障害者にあるのかに左右される。発信の主体が補助具にあるものでは，以下に述べるように，視覚障害者の歩行（定位と移動）には大きな精神的エネルギー（緊張感）が必要という精神的疲労への配慮が欠けておればその機能性が低下することは否定できない。

視覚障害者の歩行（定位と移動）には，認知し，反応しなければならない安全性に関する重要な情報がすでに多く存在しており（障害物，走行車・バイク，交差点，地図等），その遂行は精神的疲労度が大きく，ストレスが高いものである。したがって，補助具からの情報がたとえ有効であっても，そこにさらに新しい情報認知の必要性が生じることにより，それがまたストレスとなることがある（芝田，1995）。一般に，人が注意を向ける情報は多様な情報の中のフィルターを通った一つの情報に限定されるとブロードベント（D. E. Broadbent）はフィルター理

論で示している（安西ら，1994）。このため視覚障害者では，すでに存在する安全性等に関する情報に注意が向けられているため，補助具からの情報はフィルターを通過できず，場合によれば，歩行の弊害となることすらある。現状の歩行環境では，この精神的疲労度をふまえたうえでの有効な補助具でなければ利用価値は低下し，視覚障害者自身が利用しようとは考えないであろう。

　視覚障害者の歩行は補助具だけで十分であるという考えが一方にあるが，それでは歩行の問題は解決できない。視覚障害者がいつでもどこででも必要な歩行訓練を受けられる状態にすること，および障害理解を向上させることの2点がより重要である。

4．歩行訓練の実際

　歩行訓練は専門的な指導者である歩行訓練士によって行なわれる。
1）指導の考え方と専門性
　歩行訓練における「基本的な指導内容・方法」とされているものは，最良の歩行の条件を基盤とする「内容・方法」である。時に，全盲用，あるいは成人用の指導内容・方法と誤解されるが，歩行訓練は，この「基本的な指導内容・方法」を各視覚障害者（全盲，弱視，重複，児童・生徒，成人，高齢者等），およびその歩行環境に応じて歩行の条件のもとに適切に改変して歩行訓練士と視覚障害者のマン・ツー・マンで実施されるものである。

　したがって，歩行訓練士の専門性とは，安全性・安心感の確保を最上位に置く4つの歩行の条件に基づき，5つの基礎的能力，5つの歩行能力における「基本的な指導内容・方法」を習得していること，およびそれをベースとして，適切に改変してその事例に適応させ得ることである。その改変・適応のためのファクターは，指導対象者（視覚障害者）と歩行環境である。このように，歩行訓練には専門性が必要なため専門の機関で養成が行なわれているが，その専門性向上には養成機関修了だけでは不十分で，さらに研修，経験等の研鑽が必要である（芝田，2010）。

2）手引きによる歩行技術
　手引きによる歩行は英語では"sighted guide"といい，健常者によるガイドによって歩行することをさす。手引きには，視覚障害者に対して歩行訓練によってのされ方の技術を指導する方法（この歩行技術は第9章で論じている）と共に，手引き者に対して介助としての方法があり，これは第10章で詳述している。

3）屋内における歩行

屋内歩行では，廊下や歩行場所が広い場合には白杖等が使用されるが，一般的に補助具は使用されない。補助具を使用しない歩行技術には，手による伝い歩き，手による防御，方向のとり方がある（芝田，2010）。

①手による伝い歩き：壁等の伝うものに手を軽く触れながら歩行する方法である（図 5-4）。

②手による防御：腕を肩の高さまで上げて肘を曲げて反対側の肩を保護する上部防御（図 5-5）と，腕を下げ，身体の前方中央に位置させる下部防御（図 5-6）がある。

③方向のとり方：身体の背面を壁等，方向をとる物につけて行なう直角の方向のとり方と，壁等，方向をとる物に手を触れ，その手を前後に動かすことによって行なう平行の方向のとり方がある。なお，ここでいう「直角」とは，「平行」に対するもので，方向をとるものと進行方向の角度が直角となることを意味している。

これらの補助具を使用しない歩行技術が有効な場所は，家屋，学校，施設，病院，役所，福祉センター等の屋内であるが，歩行前に，まずファミリアリゼーションによって環境把握が十分になされていることが不可欠である。それを前提として，常に物の整理整頓がなされ，その置き場所，ドアの開閉状況等を定めておくこ

図5-4　手による伝い歩き

図5-5　上部防御

図5-6　下部防御

と，他者も協力してその状態を変化させない等，家族等他者（社会）の理解と歩行環境の整備が大切である。

4）屋外における歩行

屋外は，白杖あるいは盲導犬等の補助具を使用しての歩行が主となる。白杖はその視覚障害者の身長等によって長さが異なる。視覚障害者本人の希望にもよるため一概にはいえないが，直立したときに杖がみぞおちより5～10cmくらい上にくる高さのものが使用されることが多い。主要な白杖操作技術には，白杖を身体の中央で構え，歩行のリズムに合わせて，1～2歩前方を左右の両肩よりやや広めに地面に軽く触れるように操作して歩行するタッチテクニック，基本はタッチテクニックと同様だが，白杖を地面から離さずに操作するスライド法，そして，道路端・側溝等のガイドライン（境界線）を利用する白杖による伝い歩きがある（芝田，2010）。その他，白杖による防御，障害物の回避，走行中の自転車・自動車回避，騒音時の歩行，道路横断，信号の利用，階段・エスカレーター昇降，電車・バスの利用等の技術がある。歩行訓練では，これらの歩行技術を駆使して身体行動を行ない，地図的操作と環境認知をしながら，必要に応じて情報の利用によって目的地へ到達する方法の習得がめざされる。

5）視覚障害児の指導

歩行訓練において歩行能力の確実な習得には基礎的能力が重要であるが，特に，視覚障害児には障害を負ったときから開始される豊富な経験に基づく指導が欠かせない（第4章参照）。視覚障害児に対する歩行訓練の目標は次の2点である。

①その時点で必要な目的地までの歩行訓練：通学等その学年，年齢に応じたもの。基礎的能力が不十分でもファミリアリゼーションを主体として歩行能力の獲得は可能となることがある。

②将来の単独歩行に必要な歩行訓練：視覚特別支援学校卒業後を念頭に置く。十分な基礎的能力が必要である。

5．歩行訓練の課題

1）歩行訓練士と歩行訓練補助員の連携

視覚特別支援学校で歩行訓練士（教員）が在籍しているのは半数に満たず，人数的にも不十分な状態である。その結果，多くの非専門教員が歩行訓練を実施せざるを得ないという視覚障害リハビリテーション領域にはみられないところがある（芝田，2013，2014b）。それは，視覚障害児童生徒にとって，そして，本意ではない

ながら歩行訓練を実施しなければならない非専門教員にとって非常に不幸なことである。歩行訓練を制度化することなどが大きな課題である（後述）。

ただ，非専門教員も歩行訓練について次の4分野は担当可能，というより担当すべきで（ただし，適切な研修の受講が必要），歩行訓練は歩行訓練士と非専門教員（歩行訓練補助員）との連携で進めることができる（芝田，2014a；芝田ら，2014）。

①基礎的能力の指導（第4章参照）
②手引きによる歩行の指導
③補助具を使用しない歩行の指導（屋内歩行）
④ファミリアリゼーションの実施

2）歩行訓練の主な課題

歩行訓練の主な課題を以下に示す。なお，③〜⑥は教育における課題である（芝田，2012，2013，2014b）。

①歩行訓練士の質向上と歩行訓練士養成の充実：大学か大学院における養成課程の設置。
②歩行訓練に対する行政的，教育的，社会的認識の向上：視覚障害者の歩行（定位と移動）に対するニーズの認識，歩行訓練の必要性，歩行訓練士の専門性などにおいて，行政，視覚障害教育を含む教育，および社会における認識がまだまだ不足している。障害者権利条約に明記されていることからも早い改善が必要である（第4章参照）。
③学校教育法や学習指導要領に明記するなど歩行訓練の実施と歩行訓練士の設置の制度化。
④視覚特別支援学校の歩行訓練士（教員）の増員と減少しないような人事異動の適正化。
⑤視覚特別支援学校における指導時間の確保。
⑥歩行訓練士の資格化：①〜⑤の実現のために必要である。

第6章　コミュニケーション・日常生活動作とその指導

1．点字

1）点字について

　点字は，その考案者であるフランス人のルイ・ブライユ（Louis　Braille：1809-1852）から英語ではブレイル（Braille）といわれるが，視覚障害者のコミュニケーション手段として非常に優れたもので，視覚障害者の教育や文化の発展に大きな貢献をしてきている。ただ，点字は，その学習の大変さ以外にも，日本語が表意文字である漢字を主体にしているにもかかわらず，表音文字であるかな文字であること，その影響もあって印刷物になった場合，すみ字と比較すると量的に膨大なものになってしまうこと等のマイナス要素がある。

　視覚障害者の中で点字を使用している人はそれほど多くない（全体の12.7％，約4万人；2006年度厚生労働省調査，視覚特別支援学校の児童生徒の点字使用率は24.6％；柿澤，2016）。テープ図書・CDを使用するデイジー（DAISY：digital audio information system）図書・パソコンの普及等によってこの数字は，さらに減少傾向になっている。点字を書くための手段には，点字器として点字盤（図6-1）・携帯用点字器（図6-2）や点字タイプライター（図6-3）がある。パソコンでは，日本語点字ワープロ，すみ字・点字自動変換，点字文書作成といったソフト，ピンディスプレイ（点字で表示）が活用され，印刷には点字プリンタが使用される。盲ろう者には，自分の左右の指（6本）を点字の点字タイプライターの6つのキー（点）に置き換えてタッチする指点字が使用されている。

　2001年からは，点字に関する卓越した知識・技能等を備えた人に対して資格を認定する点字技能認定テストが日本盲人社会福祉施設協議会主催で開始されており，点字の発展に寄与している。

2）点字の歴史

　点字が案出される以前は，ムーンタイプ（図6-4），リューカスタイプ等の線凸字や活字の凸字が使用されていた。現在の点字（6点）は，パリ盲学校生徒であっ

第6章　コミュニケーション・日常生活動作とその指導

図6-1　点字盤

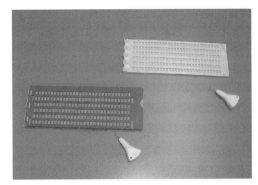

図6-2　携帯用点字器

図6-3　点字タイプライター（パーキンスブレイラー）

たルイ・ブライユによって1825年（わが国では文政8年）創案されたものである。それには，点字のもととなった軍の暗号（12点）を作成したフランス軍砲兵大尉，シャルル・バルビエ（Charles Barbier：1767-1841），パリ盲学校（1784年創設）校長，ヴァランタン・アウイ（Valentin Haüy：1746-1822）の尽力もあった。しかし，点字はブライユ創案後すぐには認められず，ようやく1854（安政元）年に認定され，フランスから他国に流布されていくのである（Henri，1952）。

　わが国の障害児教育（盲唖教育）の当初は，凸字，針文字（針で穿った孔や凸で文字を形成したもの，鍼文字，あるいは鍼穿文字という）等を使用しており，これらは訓盲文字とよばれた。

　わが国の点字の指導は，1887（明治20）年，小西信八（東京盲唖学校：旧楽善会訓盲唖院，教官）が生徒の小林新吉に行なったもの（アルファベットによるローマ字）が最初とされている。小西は同年，同僚の石川倉次に「ブライエ点字を日本のかなに

■1．点字

図6-4　ムーンタイプ

適する工夫を勧誘依頼」（日本点字七十周年記念事業実行委員会，1961，p.31）し，石川はそれに取り組むことになる。現在の点字は，1890(明治23)年11月1日，いくつか提出された案の中で石川倉次のものが採用され，認定されたものである。

3）点字の成り立ち

点字は，横2点，縦3点で構成されており，読む方向は左から右へと決まっている。読む側（凸面）に対して書く側（凹面）は裏面となるため，読みと書きは左右対称（逆）になり，書いていく方向も右から左へとなる。点字には漢字も考案されているが，一般にはかな文字である。また，かな文字以外にもアルファベット，数字，記号，音符等も表現される。さらに，略字を含む英点字，点字楽譜，点字理科記号，情報処理用点字もある。

①**点字の表記**　表6-1は点字の表記一覧である。6つの点は，左の上から①の点，②の点，③の点，右の上から④の点，⑤の点，⑥の点とよばれ，区別されている。基本的な成り立ちはローマ字に類似しており，①②④の3つの点で母音を，残りの③⑤⑥の点で子音を表現する。ただし，「や行」と「わ行」は例外である。「や行」はそれを表わす④の点があり，それに母音「ア；①」「ウ；①④」「オ；②④」を下げたもの「ア；①→③」「ウ；①④→③⑥」「オ；②④→③⑤」を合わせて，「ヤ；③④，」「ユ；③④⑥，」「ヨ；③④⑤，」と表現する。「わ」は「ア；①」を下げ（①→③）たもので「ワ；③，」と表現する。

濁音は，それを意味する⑤の点を清音の前に書いて表わす。これを前置点という。点字は，左から読んでいくため，前置点によってその文字が清音なのか濁音なのかを先に示す必要があり，これが点字の特徴のひとつである。半濁音，拗音等も同様の方法であり，さらには，数符（③④⑤⑥，），外字符（⑤⑥，）も同様

表6-1　点字の表記一覧

[清音]

あ	い	う	え	お	は	ひ	ふ	へ	ほ
か	き	く	け	こ	ま	み	む	め	も
さ	し	す	せ	そ	や		ゆ		よ
た	ち	つ	て	と	ら	り	る	れ	ろ
な	に	ぬ	ね	の	わ	ゐ		ゑ	を

[濁音・半濁音]

が	ぎ	ぐ	げ	ご	ば	び	ぶ	べ	ぼ
ざ	じ	ず	ぜ	ぞ					
だ	ぢ	づ	で	ど	ぱ	ぴ	ぷ	ぺ	ぽ

[撥音・促音・長音]

| ん | っ | ー |

[拗音・拗濁音・拗半濁音]

きゃ	きゅ	きょ	ひゃ	ひゅ	ひょ
しゃ	しゅ	しょ	みゃ	みゅ	みょ
ちゃ	ちゅ	ちょ	りゃ	りゅ	りょ
にゃ	にゅ	にょ

ぎゃ　ぎゅ　ぎょ　　ぢゃ　ぢゅ　ぢょ

じゃ　じゅ　じょ　　びゃ　びゅ　びょ

ぴゃ　ぴゅ　ぴょ

［特殊音］

〈開拗音系〉

イェ　キェ　シェ　チェ　ニェ　ヒェ　　ジェ

〈合拗音系〉

ウィ　ウェ　ウォ

クァ　クィ　クェ　クォ　　グァ　グィ　グェ　グォ

ツァ　ツィ　ツェ　ツォ

ファ　フィ　フェ　フォ　　ヴァ　ヴィ　ヴェ　ヴォ

〈その他〉

スィ　ティ　　　ズィ　ディ

トゥ　テュ　フュ　フョ　　ドゥ　デュ　ヴュ　ヴョ　ヴ

［数字］

＊数符

1　2　3　4　5　6　7　8　9　0

10　　100　　2007

⠨⠼ ⠐ ⠼ 　　　⠼⠙⠂⠁⠙
小数点　　　　　　3.14

⠨⠼ ⠐ ⠐ ⠐ 　⠼⠁⠐⠚⠉⠙⠂⠑⠋⠛
位取り点　　　　　1,234,567

⠠⠄ ⠐ ⠐ 　　　⠄⠚⠁
アポストロフィ　　' 0 1

[アルファベット等]

⠰ ⠐ 　外字符

⠁ ⠃ ⠉ ⠙ ⠑ ⠋ ⠛ ⠓ ⠊ ⠚
a b c d e f g h i j

k l m n o p q r s t

u v w x y z

m kg ppm

⠰ ⠐ ⠐ ⠆ 　　hope
外国語引用符

⠠ ⠐ 　L dB Japan
大文字符

⠠⠠ ⠐ ⠐ 　USA
二重大文字符

⠠ ⠐ 　café　⠐⠲ ピリオド　A.
アクセント符

である。拗音は，ローマ字に置き換えると理解しやすい。すなわち，「きゃ」はローマ字で「Kya」だが，点字では，「y」+「Ka」つまり，「拗音符④，⠈」（や行を示す点に相当）+「カ；①⑥，⠡」と表現するのである。

　語の書き表わし方の主な事項として，まず，直音（清音，濁音，半濁音），拗音は発音どおりに書き，撥音（ん），促音（っ）はそれぞれ撥音符（⠴）促音符（⠂）を用いて表わす。発音どおりのため，助詞の「は」は「ワ，⠄」，「へ」は

「エ，⠘⠒」と書く。また，長音ではウ列，オ列（ウ列またはオ列に「う」が続く場合）の長音で「う」と書き表わす場合は長音符（⠒）を用いて，「お父さん，オトーサン，⠸⠢⠈⠞⠒⠱⠴」，「王様，オーサマ，⠕⠒⠱⠵」，「学校，ガッコー，⠢⠂⠪⠒」等と書き表わす。

2 分かち書きと切れ続き　点字は，表音文字であるかな文字であるため語の区切り目を明確にする必要がある。それを分かち書き・切れ続きといい，マスあけともいう。分かち書きは，文の単位で区切ることを原則とし，切れ続きは，自立語内部の構成要素で区切ることを原則としている。まず，文の単位の境界を明確にするため，自立語は前を区切り，助詞や助動詞は自立語に続けて書き表わす。方言の分かち書きも基本的には同じ原則による。以下はその例である（日本点字委員会，2001a）。

①スズシイ□カゼガ□コノハヲ□ユラセタ（涼しい風が木の葉を揺らせた）

②ゴリカイノ□ホドヲ（ご理解のほどを）

③ネコデ□アル（猫である）

次に，自立語のうち，長い複合語は，内部の意味のまとまりごとに区切るか，つなぎ符類をはさんで続けるようにする。以下はその例である。

①区切ると意味の理解を損なうおそれのある場合は区切らない

カミシバイ（紙芝居），ミズサイバイ（水栽培）

②区切るもの

ゼン□コーチョー（前校長），シン□コクサイ□クーコー（新国際空港）

さらに，固有名詞の場合も，長い複合語の場合と同様である。例としては，ユカワ□ヒデキ（湯川秀樹），アメリカ□ガッシューコク（アメリカ合衆国）等がある。

4）点字の指導

点字の学習には，そのレディネスとして基礎的能力が重要である（第4章参照）。たとえば，「知識」として言葉・文章等，「感覚・知覚」として触覚，「運動」として手指の触運動等がある。点字の読み書きの学習では，書きに比較すると読み（点字触読）に時間を要する。以下は，指導の概要である。

①指導は読みの学習から開始し，その後，書きの学習と並行させる。

②読む場合は，原則として両手で行なう。

③清音が学習できれば，長音，促音，濁音，拗音等へと進んでいく。

④単語や文節に留意して単語・文章を読み，その後，書きの指導を並行させる。

⑤分かち書き・切れ続きを指導する。

⑥漢字等すみ字の表記法と関連づけて指導する。

実際の指導にあたっては，画一的な指導にならず視覚障害児，中途視覚障害者，高齢視覚障害者，重複視覚障害者等，その視覚障害者のニーズ，基礎的能力等に応じて柔軟に対応することが大切である。たとえば，触読する手は，両手主導，右手主導，左手主導と見解が分かれていることが報告されている（進・牟田口，2006）。一方，中途視覚障害者の場合，1マス全体を縦読みすることが効果的であったとされ（原田，2005），その他，視覚障害の原因が糖尿病網膜症の場合では知覚的に鈍重であるため触読に困難を覚える場合，障害を負う以前の職業によって触読が容易でない場合がある。このように，視覚障害児，中途視覚障害者等個人差の大きい視覚障害者に対する指導法は多様であると考えることが妥当で，大切なことはその視覚障害者が正確性を確保しながら能率的に，そして容易に学習できる方法（社会適応訓練実施の条件，第4章参照）を判断し，それに沿った指導である。

　また，点字における基礎的能力としての言葉・用語（知識）の適切な習得は非常に重要で，視覚障害児の場合，点字学習以前から聴覚的に多くの言葉にふれておくことが欠かせない。中途視覚障害者においてもこの基礎的能力は重要で，たとえば，言葉の大部分は漢字によって記憶されているため，かな文字である点字になった場合，その読み方に誤解や記憶違いがあれば，効率よく点字習得が進まないことがある。したがって，漢字の知識，読書経験の豊富さは点字学習にとって大切な要因といえる。

2．その他のコミュニケーション
1）パソコン・スマートフォン

　視覚障害の分野におけるパソコンの普及は情報通信技術（ICT）が一般化する以前から進んでおり，視覚障害者の情報環境の向上に役立っている。パソコンでは，文章読み上げ機能（画面音声化）を主体として日本語点字作成，すみ字・点字自動変換，点字文書作成，画面拡大等が行なえる。また，関連機器として点字プリンタ，光学文字認識装置（OCR：optical character recognition），デジタル録音図書システム等がある。主な，視覚障害者のためのパソコンソフトには，画面読み上げソフト，メールソフト，OCR・拡大読み上げソフト，住所録・家計簿ソフト，ゲームソフト等多種類がある。それぞれのソフトは公開，販売されており，また将来においても高性能のものが開発されていくであろう。ただ，その機能には相違点もあり，視覚障害者のニーズに応じて使用されている。

　パソコンの使用に際しては，まずキーボードの操作学習がある。キーボードは，

■2．その他のコミュニケーション

右手人差し指にあたる「J」と左手人差し指にあたる「F」に視覚障害者にとって有用な凸部がある（第4章参照）。入力方法には，点字に対応した6点入力と健常者と同様のフルキー入力がある。パソコンの指導には，専門の指導員以外にボランティアも担当しているのが現状である。また，タブレット端末，AIスピーカー，さらにスマートフォンや携帯電話も音声読み上げ，音声入力，その他のコミュニケーション支援，拡大（弱視用），暮らしに役立つものなどパソコン同様多様なアプリによって普及が拡大している。

2）すみ字（普通文字）

普通文字をすみ字というが，視覚に障害があっても日本語の主要素である漢字を含むすみ字の理解は欠かせない。それは，点字を読む，音で文章・会話等を聞く際に，その理解の促進はすみ字が基本であること，その理解度は漢字に関する知識の多寡が左右すること等が理由である。さらに，必要に応じて自署しなければならないときもある。また，パソコンの使用に際しては漢字変換のためにすみ字の理解が求められる。このように，すみ字の理解は，点字・パソコンの習得にとって有益なものである。

指導は，視覚障害児には漢字・かな文字の成り立ちの基礎から実施される。中途視覚障害者の場合では，忘れている漢字を思い出すこと，曖昧な漢字や未知であったものを新しく学習することが目的となる。その指導には，表面作図器（レーズライター），立体コピー，真空成形器（サーモフォーム），弱視者用としても使用できるすみ字用下敷（第8章図8-2参照）・レターセット・宛名書きガイド，弱視者用の筆記用ノートであるビジュアルイーズ（罫線が明確になっているものや全面黒色のもの）等が使用される。

3）会話，その他

視覚障害では会話や対話においても不自由があるのはキャロル（T. J. Carroll）も指摘しているとおりである（第1章参照）。会話にはアイコンタクトと適切な声量が必要だが，視覚障害者の場合，相手の声（聴覚）と握手をした場合その手（運動感覚）を手がかりに相手の位置を判断して正対するという行為，また相手の声量から導かれる相手までの距離から判断される適切な声量が大切である。この能力は，歩行や買い物の際に必要となる援助依頼とも関連するもので必要に応じて指導される。とくに，視覚障害児には社会性とも関連する行為であるため適切に指導しておきたい。

その他，ボイスレコーダー・テープレコーダーやプレクストーク（後述）等によ

る情報の保存・記録も必要である。以上は，コミュニケーション訓練だけでなく，他の社会適応訓練でも必要な共通の対象となっている。

3．点字図書等の現状

　視覚障害者が図書等によって情報を入手する手段には，点字図書，テープ図書，デイジー図書，希望に応じた図書を読んでもらう対面朗読，拡大本，真空成形器によるすみ字，視覚障害児用のさわる絵本といったものがある。

　点字・テープ図書の貸し出しは点字図書館が行なっている。点字図書館（情報センター等とも称される）は全国各地に約90館あり，情報提供事業をネットワークを組んで実施している。それは，「サピエ」とよばれ，全国の点字・録音図書の検索，点字データのダウンロード，相互貸借業務などが行なえる。また，点字出版所は全国に約30か所あり，教科書を含む点字本の出版，点字関係の印刷，各種の点字表示・触地図の作成等を行なっている。

　点字図書の用紙による保存は量的にも期間的にも限界があるが，現在は電子化が可能であるため，施設・視覚障害者個人で情報の保存が効率的に行なえるようになっている。視覚障害者が使用する記録媒体としてはテープレコーダーがあるが，アナログであるため修正・検索・編集は容易ではない。これに対し，これらの点の機能を有しているのがデイジーで，専用再生機プレクストークによって施設，視覚障害者のみならず，ボランティアグループでも活用されている。

　視覚障害者の情報入手においてボランティアの力は大きい。それには，点訳，朗読（音訳ともいう），対面朗読，拡大本・すみ字（真空成形器等による）・さわる絵本等の作成，それにパソコンボランティアがある。このうち，点訳，テープ図書，デイジー図書作成のための朗読では，希望者に講習会が実施されている。また，図書館における図書発送業務等でもボランティアが活躍している。

4．日常生活動作（ADL）

1）日常生活動作の特性

　日常生活動作は，生活全体から歩行とコミュニケーションを除いたものを対象としているため，起床から就寝までを網羅しなければならない，非常に範囲の広いものとなっている。そのため，歩行（定位と移動）とコミュニケーションに比較して内容の一つひとつは浅いが，広い分野である（第4章参照）。

　歩行訓練やコミュニケーション訓練は，「歩けるようになる」「点字ができるよう

になる」「パソコンが使えるようになる」といったように，指導目的やカリキュラムの内容が明確である。これに対して，日常生活動作訓練には多くの下位単位の内容があり，指導目的が視覚障害者個人によって異なっていることがあるため，方法や内容が複雑多岐になる。さらに，社会適応訓練実施の条件からみると，歩行訓練の場合は「安全性・安心感」，コミュニケーション訓練の場合は「正確性」という明確で一般的な目標があるのに対して，日常生活動作訓練では，「個別性」つまり，その視覚障害者の希望する方法に影響を受けやすい。それが大きな理由となって指導の基本・基準といったものが定めにくく，カリキュラムの作成において配慮が必要となる。

一方，視覚障害者にとって歩行（定位と移動）とコミュニケーションは大きな活動制限として認識されているため，この両者の訓練を受けることが教育・リハビリテーションの目的となることが多い。ところが，日常生活動作は指導を受講するまでもなく，習慣や経験によって十分遂行可能と視覚障害者自身で判断され，社会適応訓練におけるニーズの対象とされにくいことがある。そのため現状では不十分な点がみられる，進路や将来の目標等から必要性があるとみられる場合では，まず日常生活動作訓練に対する動機づけから開始しなければならない。

2）日常生活動作の内容と指導

表6-2　日常生活動作の内容

身辺管理 （自身の生活関連）	洗面，歯磨き，ひげそり，化粧，整髪，洗髪，つめ切り，入浴，寝具管理（ふとん・ベッド），トイレ使用，着脱衣，食事，喫茶，喫煙，金銭管理，電話，身辺関係の物品の整理・管理等
家事	掃除，洗濯，アイロンの使用，調理，食品の発注・買い物等
家屋管理（家屋・部屋の生活関連）	家計・財産管理，日用品の整理・管理・発注・買い物，電球・電池等の交換，電気製品・家具・ドア・窓・壁等の簡易的な修理，大掃除等
趣味	編み物，裁縫，行事・旅行計画等

表6-2は日常生活動作の内容であるが，指導の基本・留意事項を次にあげる。

①視覚障害者の社会適応能力の向上　身辺管理，家事，家屋管理等。これらの遂行には自身の能力の向上とともに創意工夫も大切である。たとえば，同様の材質のソックスを2足洗濯する場合，どれが対であるかがわからなくなるため1足だけを洗濯用のネットに入れておく，また専用の補助具を使用することが考えられる。

②視覚障害者の基礎的能力の向上　生活用品等生活全般に対する「知識」および

「社会性」，聴覚，触覚，嗅覚，運動感覚，保有視覚等の「感覚・知覚」等。とくに，調理では「感覚・知覚」は欠かせない。また，弱視者の保有視覚の状態によっては視覚以外の感覚を活用することが大切となる。

3 **室内等のファミリアリゼーション**　ファミリアリゼーションは未知環境を既知にすることであるが（第7章参照），多くの日常生活動作は屋内で実施されるためその環境の把握が必要である。

4 **整理整頓**　物の位置を記憶することと，変更しないこと，取り出しやすいよう整理しておくことが大切である。これには，本人だけでなく，家族も協調・共有することが必要となる。また，弱視者では自分の視覚に適した環境改善・整理整頓が重要である。

5 **目じるしの活用**　点字シール，個人的に理解しやすい目じるし等を活用する。たとえば，調味料を区別するためその容器に点字シールを貼付する，衣服を区別するため裏側の目立たない所に小さなボタンを衣服によって位置を変えて縫いつけておくといったことがある。

6 **用具の利用**　共用品や日常生活用具（第4章参照），貨幣や紙幣が仕分けできる財布（図6-5）・ボタンが凸状になっているタイマー・弱視者用の白色系の食材用の黒色のまな板（反対側は白色）や黒色のしゃもじ（第8章図8-3参照）等，利用できる用具が販売されている。また，市販品の中で視覚障害者が利用可能な用具もある。

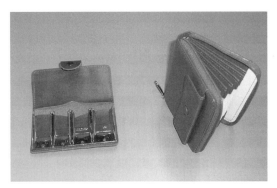

図6-5　財　布

第7章　ファミリアリゼーション

1. ファミリアリゼーションの意味

　視覚障害者にとって既知状態にある環境では，活動能力を十分に発揮できるが，未知状態では大きな活動制限となる。つまり，高い活動能力を機能させるには，その事物，場所，地域等について「よく理解していること」が前提であり，視覚障害者にとって背景因子（ICF）にある「環境」は，それに対する概念的認知度および習熟度という観点から主要な因子といえる。したがって，視覚障害教育・リハビリテーションにとって未知状態を能率的に既知状態にする方略は非常に重要であるが，この未知状態にある事物，場所，地域等を触覚的聴覚的等さまざまな手がかりを用いて言語的，行動的に解説し，「よく理解している」既知状態にすることをファミリアリゼーション（familiarization）という。

　ところで，晴眼者はその視覚によって瞬時に事物の全体像を把握する（即時的把握）のに対し，視覚障害者は触覚によって部分から部分へ移行させることによって全体像を把握する（継時的把握）ため，それには多くの時間を要する。さらに，部分から部分への移行において触察が不確実であったり，部分から部分への移行が確実に行なわれても，その事物の形状の密度と大きさによって把握度が左右されたりと，継時的把握では全体像が把握できるとは限らないという問題点がある（芝田，2010）。したがって，視覚障害者にとって，掌に入ったり，両手を広げて理解できるようなサイズの物であれば困難を伴うものの比較的理解は可能であるが，それより大きくなると継時的把握となるため十分な理解は容易ではない。

　ファミリアリゼーションは，いわばこの継時的把握をより効率的に進めることによって未知状態を既知状態にするものだが，歩行訓練ではよく実施される。その使用対象の例は，教室等部屋の内部のようす，屋内の廊下における各部屋の並びや階段の位置等，屋外の建物の位置，その目的の場所までの歩行ルート等があり，その他，主に視覚障害児に対する事物，歩行環境に対する理解や概念形成等がある。

2．オリエンテーションとの相違

　意味的にファミリアリゼーションと混同されやすいものにオリエンテーションがある。視覚障害者の歩行を英語ではオリエンテーション・アンド・モビリティーというが（第4章参照），この場合のオリエンテーションは，原則的にすでにファミリアリゼーションによって既知となった状態が対象であり，初期説明という意味のファミリアリゼーションとは異なったものである。一般的にいうオリエンテーションには，①ものごとの進路・方向を定めること，またそれが定まるように指導すること，方向づけ，②新入生や新入社員に対する説明・教育という意味がある。ファミリアリゼーションに類似していること，ファミリアリゼーションという用語に対する認識やなじみの希薄さから，オリエンテーションがファミリアリゼーションを含んだ包括用語として視覚特別支援学校や視覚障害者リハビリテーション施設で使用される場合がみられるが，それは誤りである。

3．ファミリアリゼーションの体系

　ファミリアリゼーションは，環境別・実施別分類，実施方法等によって体系づけられている（芝田，2006，2010）。なお，ファミリアリゼーション実施の基盤として基礎的能力が大切である（第4章参照）。

1）環境別分類

　環境別のファミリアリゼーションは，面状ファミリアリゼーションと線状ファミリアリゼーションに分類される。面状ファミリアリゼーションは，その対象範囲の全体像の把握から開始され，その後に細部について説明していくという方法で実施される。これは，サーベイマップ的，あるいはバードビュー（鳥瞰図）的なファミリアリゼーションで，限定された範囲内，たとえば部屋，建物（廊下），駅，地域（区画）等に用いられる。線状ファミリアリゼーションは，部分から部分へ線的に延長する形で説明していくという方法で実施される。これは，ルートマップ的なファミリアリゼーションで，出発地から目的地までの歩行ルートで実施される。

　一般に，面状ファミリアリゼーションで行なわれるような場所や地域に対しても，その視覚障害者の能力や理解力だけでなく，対象地の条件によっては線状ファミリアリゼーションで行なわれる場合があるが，それは次のような理由による。

　①ファミリアリゼーションに費やす時間に限りがある。
　②その目的が場所・地域の形状把握よりは歩行ルートの理解である。
　③対象地が広く，大きい。

なお，線状でファミリアリゼーションされたいくつかのルートを組織化・構造化させることによって面状による場合と同程度の理解を求めることも可能ではある。つまり，全体から部分へと実施していくのとは逆に，部分をいくつか集合させることによって全体を理解するのである。しかし，この方法ではファミリアリゼーションに長時間を要し，さらに視覚障害者の理解力にもある程度の高さが要求される。

2）実施別分類

　ファミリアリゼーションの実施は，対象となる地域や場所で実際に行なうものと，その対象地へ行かずに口頭により行なうものとに類別される。前者は現地ファミリアリゼーション，後者は口頭ファミリアリゼーションとよばれる。

[1] **現地ファミリアリゼーション**　現地ファミリアリゼーションは，歩行訓練では歩行ルートや特定の場所を理解するとき，応用段階で新しい指導地域に入る際にその地域の概略を理解するとき等に使用される。実施後，指導に利用した場所や地域，たとえば，マーケット，駅，福祉センター，役所，病院等の内部が歩行可能となるため一般には生活地域での指導（Aタイプ，後述）に適している。前述の面状ファミリアリゼーションは現地ファミリアリゼーションとして実施されることが多い。

[2] **口頭ファミリアリゼーション**　口頭ファミリアリゼーションは，その場所・地域の概略を口頭で説明するものである。そのため，対象地の形状が複雑な場合には不適である。口頭ファミリアリゼーションでは，触地図等で補足されるにしても，言語情報によってその対象を理解しなければならないため，視覚障害者にはある程度の理解力・記憶力，そして必要に応じてメンタルマップ作成能力が要求される。また，このファミリアリゼーションだけを手がかりとして歩行するには比較的高度の歩行能力が必要である。

　歩行訓練では，歩行能力を向上させるための一方法として口頭ファミリアリゼーションが活用される。それは，指導者が目的地に到達するためには不十分な口頭ファミリアリゼーションを行ない，その不足分を視覚障害者自身が自らの歩行能力によって補足するかたちで実施される。この場合の地図的操作には，指導者から受けた口頭ファミリアリゼーションによって作成したメンタルマップ，さらに必要に応じてメンタルローテーションの能力も含まれる。

　他のタイプのファミリアリゼーションでも同様だが，口頭ファミリアリゼーションではその内容の理解，メンタルマップの作成を助ける意味で，視覚障害者の能力・環境の状況に応じて触地図等の補助的手段が用いられることがある。しかし，指導の一般的な最終目標はあくまで単独歩行であるため，視覚障害者の希望にもよ

るが，これらの補助的手段は徐々に減少され，最終的には補助的手段が使えないインターネットや電話等による口頭ファミリアリゼーションが実施される。日常生活上，他者から電話によって口頭ファミリアリゼーションを受けるということ，さらに，インターネット等パソコンを利用して情報を得るということが考えられるため歩行訓練のカリキュラムに挿入されている。また，歩行訓練士からの口頭ファミリアリゼーションの内容がより簡素化され，視覚障害者が自らの能力で補足しなければならない分が増すことによって，指導の次段階であるセルフファミリアリゼーション（後述）へ移行される。

3）実施方法を規定する要因

ファミリアリゼーションが前述のどのような類型，どのような内容（程度）で実施されるかは，対象となる地域の性質やその視覚障害者の能力，理解力等の要因によって決定される。それらは以下の5つである。

①ファミリアリゼーションの目的
②視覚障害者の歩行能力，理解力
③ファミリアリゼーション対象地域の大きさ，形状
④ファミリアリゼーション対象地域の中の必要な箇所の大きさ，形状，数量
⑤ファミリアリゼーションに消費できる時間

4）実施に際しての留意事項

晴眼者がファミリアリゼーションのような説明を受けた場合，それによる理解と記憶が曖昧であっても，視覚による補完等，環境とのインタラクションが効率よく進められるため，その場所・地域の歩行等で困惑することは少ない。しかし，視覚障害者の場合，援助依頼に依存する以外，その補正は著しく困難であるためファミリアリゼーションのもつ意味は非常に重大である。ファミリアリゼーションは，主として聴覚的触覚的な手がかりを伴った言語と運動感覚的な動作を媒介として行なわれるが，言語がその大きな手段となるため，それを受ける視覚障害者の理解と記憶が不明瞭な状態にならないよう実施に際して専門性と細心の注意が必要であるが，それには次のような5つの重要な事項がある。

1 分散学習　前述の実施方法を規定する要因であるファミリアリゼーションの対象地域が大きい，形状が複雑である，あるいは視覚障害者の歩行能力や理解力があまり高くない場合であれば，一気に多くのことを記憶するのは容易でないばかりか，結果として記憶の混乱や不正確な記憶をまねいてしまう。集中学習的な実施は，全体の学習進度を遅滞させるだけでなく，1つの学習内容や他の内容の学習を妨害，

抑制し，記憶に干渉が起きるという結果を招来させることもある。集中学習よりは適度な休憩が挿入される分散学習のほうが成果が期待できるため，ファミリアリゼーションの実施にあたっては，前述の3）実施方法を規定する要因に基づき，適切な記憶量，学習時間，休憩時間が検討されなければならない。

2 **ネーミング**　視覚障害者にとって，その環境にドア，壁，窓，廊下，階段，道路等，同種のものが複数ある場合，視覚的に区別できないことから混同，混乱が起きやすい。これを避け，能率的にファミリアリゼーションを実施するために，ネーミングによる内容の整理が欠かせない。ネーミングには，屋内の場合，全体の数の理解が容易になるという意味もあって符号化が適している。たとえば，「1の壁，2の壁，3の壁，4の壁」「1のドア，2のドア」「1の窓，2の窓」，「第1階段，第2階段」等である。また，廊下，階段，出入り口には北廊下，中央廊下，西階段，東館，正面玄関，西門といった名称がよい。視覚特別支援学校では方角などを使った名称をつけているところがあるが，視覚障害児の経験的な学習という点で意味がある（基礎的能力の知識「方角を使った事物の名称」，芝田，2010）。

　屋外では，道路に公的な名称がついていない場合，学校や施設によって駅前通り，郵便局通り，西通りといった名称をつけることが必要となる。わが国の場合，一部の大通りや都市を除いて一般的に道路には公的名称がつけられていない。アメリカでは路地のような小さな道路にも名称がつけられており，一般社会だけでなく視覚障害者の歩行（定位と移動）にも有効であり利便性が高い。また，健常者にとっては，歩行環境の事物や状況を視覚的に認識できるため名称の必要性があまり感じられない。しかし，視覚障害者にとってはネーミングによる区別が必要なため，建築，土木，交通等の専門用語の活用，その学校・施設内あるいは指導者と視覚障害者間において案出された独自のネーミングによる用語を使用したい（第4章参照；9節指導法，5）総合的な指導の留意事項，1 共通の言葉・用語の設定）。

3 **言い換えと印象づけ**　「階段を上がって右の壁に沿って曲がり込みます」という説明では，右に曲がるのは90°なのか180°なのか不明である。このとき，曲がり込むのは180°で，つまり逆方向を向くことになるのであれば，そういう意味の言い換えや追加説明が必要になる。同時に，「階段を上がるときは北を向いているから右は東の壁で，それに沿って曲がり込んで南を向きます」という意味の言い換えも忘れてはならない。このような言い換えや追加説明によって誤解を防ぐことが必要で，これには次のようなものがある。

　①行動・動作を示す用語と実際の動きの解説との相互変換によるもの

②方向と方角の相互変換など抽象的参照系，固定的参照系，自己中心的参照系を駆使したもの
③地図でいうノースアップ的だけでなく，レヴァイン（M. Levine）の調査（新垣・野島，2001）でその有効性が示唆されているヘディングアップ的な説明，あるいは両者の相互変換によるもの

なお，抽象的参照系とは方角を基準とする場合，固定的参照系とは目じるしを基準とする場合，自己中心的参照系とは自分自身の位置を基準とする場合をさし，ノースアップとは北を上とすること，ヘディングアップとは自分の進行方向を上とすることを意味している。また，ファミリアリゼーションの中の重要な場所的・内容的なポイントとなる部分をより確実に記憶するための印象づけも欠かせない。印象づけには言い換えや追加説明等の配慮をした言語的なものとランドマークによる物的なものがある。

|4| **理解の確認と分習法**　ファミリアリゼーションはある意味では記憶という作業であるため，スモールステップの要領で適切な箇所で区切ってその内容が視覚障害者に理解されたかの確認が必要で，それは言語や行動による再生・再認によって行なわれる。もし，理解が不確実であれば次に進むことはせず，確実になるまでくり返されなければならないため，ファミリアリゼーションの量が多い場合は分習法が適している。たとえば，ルートファミリアリゼーションにおいて往路のファミリアリゼーションを行なえば，出発地点に戻って，その往路の歩行を見極めとして実施してその理解を確認する。視覚障害者にとって歩行ルートの往路が理解できてもそれが復路の理解にはつながらないことがあるため，復路は改めてファミリアリゼーションを行ない，見極めとして復路の歩行を実施する。

|5| **補助具の活用**　主に触地図等の補助具を利用してファミリアリゼーションによるメンタルマップの構成を補う。歩行訓練では，触地図等の補助具の活用は初期に行ない，指導が進めば徐々に減少させて，補助具なしでファミリアリゼーションが理解でき，メンタルマップが作成できるようにする場合が多い。これは，後述するように，触地図にはいくつかの点で制限があり，その活用をあまり望まない視覚障害者が少なくないからである。

4．歩行訓練における位置づけ

1）ファミリアリゼーションの方法

ファミリアリゼーションには，室内，廊下，地域，ルート等に対する方法がある

（芝田，2010）。なお，指導は日本語を主体としたわかりやすい用語で実施するため，視覚障害者に対して「ファミリアリゼーション」とは言わず「説明」等としておく（第4章参照；9節指導法，5）総合的な指導の留意事項，2日本語を主体とする用語）。

2）指導地域とファミリアリゼーション

　歩行訓練は実施される地域によって2つに大別される（芝田，2010）。ひとつはその視覚障害者の生活地域で実施される場合であり，Aタイプとよばれる。もう1つは生活地域以外で実施される場合であり，Bタイプとよばれている。おのおののタイプには特性があり，指導内容・方法において異なっている。

1 **Aタイプ：生活地域での指導**　Aタイプでは，指導に使用された結果，視覚障害者が歩行可能となった目的地がそのまま生活上有効なものとなる。したがって，歩行過程だけでなく，目的地発見も指導目標のひとつとなる。基本的に在宅型（訪問型）施設における指導ではこのAタイプから開始される。たとえば，視覚特別支援学校に通学可能な地域に居住する児童生徒にはこのタイプの指導となる。Aタイプではファミリアリゼーションがそのまま実生活に活用でき，とくに，現地ファミリアリゼーションが有効であるが，指導内容には口頭ファミリアリゼーションも適宜，挿入される。

2 **Bタイプ：生活地域以外での指導**　Bタイプでは，目的地は指導のために便宜上使用されるものとなる。したがって，目的地発見よりは，歩行過程を重要視した応用力（歩行能力）を養うことが指導目標となる。さらに，この指導ではその地域で獲得した歩行能力が生活地域等，他地域で活用できることが目的であり，可能となることが重要である。基本的に視覚特別支援学校や入所型・通所型施設における指導はこのBタイプであるが，学校・施設の距離的に近いといった地理的，指導者を児童生徒の自宅へ派遣できるといった体制的等の条件によってはAタイプでも実施される。しかし，在宅型（訪問型）施設であっても，視覚障害者の自宅付近以外では，Bタイプでの指導が必要であるため，Bタイプは必ずしも入所・通所型施設におけるものとは限らない。一般的に，視覚特別支援学校や入所・通所型施設でBタイプでの基本的な歩行訓練を受け，その後，自宅付近でのAタイプでファミリアリゼーションを中心とした歩行訓練を受けるというのが理想である（芝田，2010）。

　Bタイプでは，生活地域がファミリアリゼーションされないため，口頭ファミリアリゼーションが中心で，応用力の習得に主眼が置かれる。そのため，ファミリア

リゼーションの内容を徐々に減じて不足分を視覚障害者自身が補っていくようにし，セルフファミリアリゼーションが可能となるように進められる。

3）セルフファミリアリゼーション

①**意義**　ファミリアリゼーションは，歩行訓練において指導者により視覚障害者に対してその一部として実施されるが，日常の生活において必要なファミリアリゼーションを指導者がいつも実施できるとは限らない。指導終了後には，視覚障害者自らが援助依頼等により情報の収集を行なうことでファミリアリゼーションを自分自身に対して実施することが必要となる。これがセルフファミリアリゼーションである。つまり，通常のファミリアリゼーションでは，指導者が専門的な方法で実施するため，視覚障害者は指導の形態によって多少の相違はあるが，受動的な立場に置かれているのに対して，セルフファミリアリゼーションでは，視覚障害者自身が中心となる能動的な立場に立つ。ただこれは，視覚障害者がまったく単独で自分に対してファミリアリゼーションを行なうのではなく，他からの情報を得ながら実施するのであり，その情報をいかに正確かつ効果的に収集するかが重要な点である。

②**方法**　方法としては，まずファミリアリゼーションの内容と共に，その方法をより簡素化したかたちで視覚障害者に指導することがあげられる。これは，視覚障害者側からいえばそのファミリアリゼーションの内容と共に方法・方略を学習することであり，それによって，将来のファミリアリゼーションの際に視覚障害者自身が家族，友人，知人，あるいは一般通行者等ファミリアリゼーションを行なってくれる者に対してその方法を指示することができる。Bタイプでは，この方法・方略を他に指示するという能力を獲得することが指導目標に含まれている。2つめは，指導の中でセルフファミリアリゼーションの形態を取り入れ，実際に行なうという方法である。ただこれは，視覚障害者の家族，友人等以外から情報を入手しなくてはならないため，技術的に難易度の高い課題であり，指導の終了に近い段階で実施される。なお，室内ファミリアリゼーションでは，理解力の高いケースに対してはセルフファミリアリゼーションの能力獲得も目的の一つとして実施されることがある。

4）触地図の位置づけ

　触地図はファミリアリゼーションの補助具的存在であり，視覚障害者の歩行で主となる地図はメンタルマップである。その理由の主なものは以下のとおりである。
　①晴眼者による補足説明がないと触地図だけでは理解が困難である場合が多い。この理由から視覚障害者がその活用を望まないことが少なくない。

②触地図を理解（触察）しながらの歩行は安全性が低下することが多い。
③触地図を理解（触察）しながらの歩行は非能率になることが多い。
④視覚障害者自身ですべての地域についての触地図の入手は困難である。
⑤触地図は視覚障害者がいつでもどこでも容易に入手できるものではない。

　視覚障害児には触地図の触察方法，その意味するものの理解，学習の方法等，既知地図化法による地図に対する基本的学習が欠かせない（芝田，2011；芝田ら，2011，第4章参照）。歩行では触地図を利用する場面があり，その価値は高いが，歩行訓練士ではない非専門教員は「触地図そのものの学習」は重要だが，歩行訓練は地図の学習だけでは不十分であり，「地図で教える」よりは実際の環境で実際に行動しての実施が有効であることを認識しておかなければならない。

5）実際に歩行することの重要性

　ファミリアリゼーションを行なう際，それに先だってその環境を手引きによって歩行するという方法が考えられる。しかし，手引きで歩行するのと実際に単独で白杖によって歩行するのとでは感覚的に大きな違いがあるため，手引きでの歩行にファミリアリゼーションの前段階的な意味合いをもたせることは無理がある。また，視覚障害者の未知地域に対する不安への配慮のために手引きから始めるという考え方もあるが，これは指導者が視覚障害者の横に位置して，①声かけをする，②方向の修正をする，③必要な動きを声によって誘導する等を必要に応じて実施することによって十分配慮が可能である。これらのことや，歩行訓練を能率的に進めていく意味からファミリアリゼーションは手引きから開始せず，実際に歩行することによって実施したい。

第8章　弱視（ロービジョン）

1．ロービジョンケア

　ロービジョンケアは，弱視（ロービジョン）者に対して適正な眼鏡・ルーペ等の処方とその使用法，効果的な目の使用法等のコミュニケーション訓練に関する指導を主体としたものである。この内容は，視覚特別支援学校や視覚障害者リハビリテーション施設でも実施されるが，視能訓練とともに医学リハビリテーションとして眼科で実施されるものをさすことが多い。このロービジョンケアは2012年から診療報酬の対象となり，対応する医療機関（眼科）が増加傾向にある。この医療機関には，厚生労働省主催視覚障害者用補装具適合判定医師研修会（眼鏡等適合判定医師研修会）を修了した眼科を担当する常勤の医師が1名以上配置されていることが必要である。視能訓練を担当する視能訓練士は，視機能回復のための矯正訓練，関連する検査を主な業務としており，1971年に制度化されている。

2．弱視者の視覚

　ここであげる弱視者の視覚に関する事項は，基礎的能力（視覚）として弱視者指導の基礎となるものである。

1）視覚の4要素

　視覚には以下の4つの要素がある（Apple & May, 1970；芝田, 2010）。
①明るさ
②コントラスト
③大きさ（距離）
④時間（移動か静止か）

　健常者の場合，上記の要素の一つ，あるいは複数が不十分でもそれほど視覚に影響はないが，弱視者の場合，上記の4つの要素のうち一つでも不十分になると，見えづらいという状態になるケースがある。たとえば，大きさ，コントラスト，時間が十分でも明るさが不十分な場合，明るさ，大きさ，時間が十分でもコントラスト

が不十分といった場合である。また，弱視者によって，最適な明るさ（明るいほうを好む場合，明るいと不自由な場合等），コントラスト（明瞭なほうがよいが背景となる地は白系を好む場合，黒系を好む場合等），大きさの程度が異なる。

|1| **明るさ**　屋内での明るさが不十分な場合は，照明を考慮することによって不十分さを改善できるが，屋外での明るさは，次のように天候および時間帯によって状態が変化し，それぞれ見え方が異なる場合がある。また，昼間の羞明（まぶしさを感じること）と夜間に見えづらくなる夜盲がある。羞明は遮光眼鏡の使用によりある程度改善できるが，その他は補助具だけでは対応が困難で夜間を含めて指導が必要となる。

①天候：快晴，晴れ，曇り，雨
②時間帯：昼間，夕方，夜間

|2| **コントラスト**　コントラストは，自宅では住環境，食器等を改善することによって不十分さはある程度解消できるが，公共施設内や屋外では社会がその環境を改善する方向で考えなければならない。コントラストの不十分な環境があるため，それに対する指導が必要である。

|3| **大きさ**　大きさは視対象までの距離とも関連する。大きさが不十分な場合，ルーペ，単眼鏡，拡大読書器等の補助具により不十分さを補うことが可能となる。

|4| **時間**　時間は，個人や視対象が動体状態か静止状態かに関連する。一般に，動体状態での視力と視野は静止状態より低下する。この事実の理解と必要に応じて動体状態での対応について指導が必要である。

2）眼の動き

眼の基本的な動きには，①見たい対象の発見と固視（spotting），②全体の探索（スキャン，scanning），③静的対象の凝視（tracing），④動的対象の追視（tracking）の4つがある（高橋，2002）。これらは指導によって効率的に行なえる可能性がある。

3）弱視者の見え方

弱視者の見え方を症候的，知覚的に大別すると次の8つになるが，その状態は単一もあれば合併している場合もある。

①焦点不適合：焦点が合わず，フォーカスされていない状態，屈折・調節不良
②明るさ不足：明るさが不足し，暗すぎる状態，夜盲
③明るさ過剰：明るすぎてまぶしい状態，グレア，羞明
④視野不良：中心部分しか見えない状態（狭窄），視野に見えない部分がある状

態（暗点）
⑤図と地不明瞭：背景（地）と視対象（図）の区別がつきにくい状態，ものの境界線が不明瞭な状態
⑥奥行き不明瞭：段差の存在，その高さが不明瞭な状態
⑦視界不明瞭：視界が混濁しており，霧がかかったような状態，混濁・霧視
⑧視界不安定：視界が安定せず，揺れているような状態，眼振（眼球振盪）

この他，立体的に見にくい，動的なものが見にくい等，弱視者によって多様な状態があるが，中には法的に視覚障害の範疇に入らない軽度の弱視や色覚異常もある。これらはその見え方の程度によるが，補助具の活用，環境の設定，指導等によってその不十分さが改善される可能性がある。

4）視野と活動制限

視野と活動制限である歩行（定位と移動）・読み書き（コミュニケーション）の関係は，以下のような傾向となる。
　①周辺視野が欠損し，中心のみの視覚の場合（求心性視野狭窄；網膜色素変性等）：歩行が大きな活動制限となる。
　②周辺視野は見えており，中心視野が欠損の場合（中心暗点；黄斑変性等）：読み書きが大きな活動制限となる。

5）保有視覚の有効性と個人差

視力検査は，視覚の4要素のうち，明るさ・コントラスト・時間を一定とし，大きさを変化させて測定される。この検査は，視覚的に多様な環境・状況にある日常生活における一場面での測定であるため，この結果だけで弱視者の生活における視覚の状態把握は難しい。たとえば，身体障害者障害程度等級1級（第1章参照）は「両眼の視力の和が0.01以下のもの」だが，この等級という判定，あるいは指数弁や手動弁という判定，つまり，かなり重度と判断されてもその視覚が有効となる場合がある。また，保有視覚は個人差が大きく，非常に多様である。たとえば，視力0.01，視野に異常がないという同じ判定をされた弱視者が2人いても，その視覚（見え方）の状態が異なることが非常に多い。

そのため，弱視者の指導においては，次のような機能的視覚評価による実態把握が欠かせない。

3. 指導の基本的留意事項

1) 機能的視覚評価による実態把握

　指導の基盤となる機能的視覚評価によって,歩行(定位と移動),文字認識等における見え方の実態把握が必要である(芝田,2010)。これは,明るさ,大きさ等さまざまな状況においての実施,弱視者の言動に基づいて実施されるもので専門性が必要である。さらに,現状以上に見えている,視覚の低下に気づかない等の例にみられるように,弱視者自身でもその視覚(視力・視野)の正確な把握が困難であることも考慮されなければならない。

2) 視覚の活用

　以前は,保有視覚は保護するものとされていたが,現在は活用することが基本的な考え方である(Barraga, 1964)。そのため,視覚の効果的な活用,適切な補助具の使用に対する指導が行なわれる。

3) 視覚以外の感覚の活用

　視覚が有効でない環境・状況では,視覚以外の感覚を活用するための指導が実施される。ヒトは視覚優位であるため,弱視になると必要以上に視覚に注意を集中しがちである。このため,他の感覚の活用と補助具の使用の指導に臨む前提として,弱視者自身が他の感覚を活用するという点の理解が大切である。

4. 補助具(用具)

1) 補助具を利用した網膜像の拡大法

　補助具を利用して網膜像を拡大する方法には,以下の4つがある(簗島・石田,2000)。

　①相対的文字拡大法:拡大本,拡大コピー等
　②相対的距離拡大法(近見視):凸レンズ,ルーペ等
　③角度拡大法(遠見視):単眼鏡等
　④投影式拡大法:拡大読書器等

2) 社会適応用補助具

　歩行用の補助具には,遠見用単眼鏡,フレネルの膜プリズム,遮光眼鏡,白杖等がある。眼鏡に装着して視野を拡大させるフレネルの膜プリズムは,求心性視野狭窄や半盲に有効であるが,プリズムによる位置のズレがあるため注意が必要である。遮光眼鏡は羞明への対応として効果があるが,まぶしさは上部からの光でも感じられるため改良するか,あるいはサンバイザー等でのカバーが必要となることが

■4．補助具（用具）

ある．また，通常の眼鏡に装着するクリップオン式のものもある．

　コミュニケーション用の補助具には，眼鏡式拡大鏡，ワークルーペ，手持ち式拡大鏡，卓上式拡大鏡，単眼鏡，拡大読書器（CCTV，図8-1）等の光学的補助具や，拡大用ソフト，タブレット端末，スマートフォン，照明器具，書見台，書写台，すみ字用下敷（図8-2），レターセット，宛名書きガイド，罫線が明確になっているものや全面黒色の筆記用ノート（ビジュアルイーズ），物差し・定規（図8-3）等がある．日常生活動作用の補助具には，コントラストに配慮した白色系の食材用の黒色のまな板（反対側は白色）や黒色のしゃもじ（図8-4）等がある．

　なお，眼鏡（矯正眼鏡，遮光眼鏡，コンタクトレンズ，弱視眼鏡）は補装具となっている（第4章参照）．

図8-1　拡大読書器

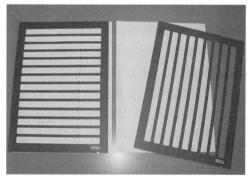

図8-2　すみ字用下敷

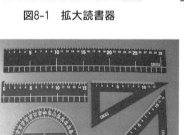

図8-3　物差し・定規

図8-4　黒色のまな板・しゃもじ

5．視覚の活用を主体とする指導

　視覚の活用を主体とする指導は，視覚の有効な活用，適切な補助具の選定とその使用が対象である。

1）視覚の有効活用

　有効な眼球運動の方法を学習し，効率的な探索によってその視野を拡大させることができる。また，中心暗点のあるケースには，眼球の中心窩以外の固視点による偏心固視（中心外固視）の指導が有効な場合がある。

2）歩行訓練

　歩行時では，単眼鏡等の補助具は，時刻表，値段表，信号等を見る際に使用されるが，コミュニケーションに比してその頻度は低い。さらに，補助具が必要な場面でも援助依頼で解決できることがあるため，ニーズに応じて使用の検討を要する。単眼鏡を使用する場合は静止した状態で使用し，安全性が低下するため移動中での使用は避けなければならない。単眼鏡で読みたいもの等視対象の見つけ方は，まず発見しやすいランドマークを前もって選定しておき，それを発見してそれを辿っていくという方法である。なお，信号の場合では，まず，歩道の縁石を辿り，そこでポール状の物（信号機のポール）を発見し，それにそって上昇して発見するという方法もある。状況に応じて遮光眼鏡が必要となる。

3）コミュニケーション訓練

　コミュニケーション（読み書き）では，その見え方に応じた明るさ，文字の大きさ，コントラストの評価に応じて，適切なルーペ，単眼鏡，拡大読書器，拡大ソフト，拡大本等の補助具と適切な環境が選定・設定され，その使用を指導する。中でも，タブレット端末は拡大化，音声化が可能で有用性が高い。また，求心性視野狭窄や同名半盲に対しては，フレネル膜プリズムを利用して視野を拡大させることによって，周辺視野への注意の喚起，効率的な外界探索が可能となる。このフレネル膜プリズムは歩行においても有効である。

　ところで，点字・すみ字の使用と視力に関する調査によると，視力が指数弁～0.01を分岐点として，それ以下では点字使用者が多く，それ以上ではすみ字使用者が多くなっている（柿澤，2016）。以前は0.02～0.03が分岐点となっていたが，それが低下してきているのは弱視者に対する視覚環境・補助具とその指導の向上が大きな要因である。

6．視覚以外の感覚の活用を主体とする指導
1）指導の基本的な考え方
　視覚以外の感覚の活用を主体とする指導の基本は，その環境・状況と自分の言動内容（歩行，コミュニケーション，日常生活動作等）に応じて，自身の視覚，聴覚，触覚，嗅覚，運動感覚等の感覚を使い分けることである（芝田，1986，2010）。ところで，意識の覚醒水準の程度は脳幹網様体によって制御されているため，視覚に注意を集中しすぎると他の刺激が大脳まで伝達されず，途中で遮断されることになる。これは，ブロードベント（D. E. Broadbent）の注意におけるフィルター理論が示唆しているように，多様な情報の中で注意を向けることのできるのは，一度に一つの情報に限定され，フィルターを通った情報のみが意識化されるということによる（安西ら，1994）。このため，弱視者自身が視覚のみに注意を集中するのでなく，適宜，他の感覚への注意を喚起することの必要性とその習得に意欲をもって取り組むことが指導の基本である。この点を弱視者に確実に説明しておくことが必要だが，その留意点をあげると次のようになる。
　①必要に応じて各種の感覚を使い分ける。
　②一つの刺激に注意を集中すると他の刺激には反応しにくい。
　③自分が常に意識して使い分ける。
　④感覚の使い分けを日常的に習慣化する。

2）社会適応訓練
[1]**歩行訓練**　白杖の利用は，タッチテクニック，スライド法，白杖による防御，白杖による伝い歩きの各操作が基本であり，その場面は，障害物回避，階段昇降，電車の利用等が主である。聴覚を利用する場面には，道路横断，信号の利用等がある。状況に応じて遮光眼鏡が必要となる。

[2]**コミュニケーション訓練**　パソコンでは，ディスプレイを見ることに集中しすぎ，その音声を聞くことがおろそかになることがある。コミュニケーション訓練は，主に触覚を中心に進められるため，他の2つの訓練と比較すると注意の分散はそれほど必要ではない。

[3]**日常生活動作訓練**　状況によれば，その対象に顔を近づけなければ見えないということがあるため，日常生活動作訓練は聴覚，触覚，嗅覚，運動感覚（基本的能力）に依存するところが多い。とくに，各種の動作が確実に行なわれたかどうかを判断，確認するための触覚の利用は欠くことができない。日常生活動作では直接手で触れることが主になる。それには，金銭弁別，テーブル上の手指動作，洗濯機内

からの洗濯物の取り出し等があり、また、液体を容器に注ぐ場合等は運動感覚の活用となる。さらに調理では、聴覚、触覚、嗅覚、運動感覚等が総合的に必要である。

7．視覚が徐々に低下する進行性の弱視者の指導

網膜色素変性等、視覚が徐々に低下する進行性の場合、現状での指導と共に全盲となった後を考えての指導が必要となるが、それには障害受容を含めて心理的な配慮が不可欠である（芝田、2010）。

1）アイマスクによる訓練の留意点

[1]**視覚以外の感覚・知覚の向上の限界**　感覚・知覚の向上は日常的なくり返し（習慣化）による方法が効果的である。しかし、アイマスクによる指導を長時間、継続することは難しく、それによって視覚以外の感覚・知覚の向上をめざすのは容易ではない。たとえば、週数時間をアイマスクの指導に充当して毎週実施したとしても、その弱視者の意欲、意識にもよるが、全盲者に近い感覚の状態を求めるには限界がある。

[2]**保有視覚への心理**　弱視者の意思に関係なく、指導者側からアイマスクの導入をはたらきかけると、それによって心理的に保有視覚が有効でないことを暗示してしまう場合があり、避けなければならない。弱視者自身の希望・意思を尊重することが大切である。

[3]**意識のもち方**　弱視者の意識のもち方によってはアイマスクの利用は次にあげるように有効となるため（McDonald, 1966）、弱視者にすすめておきたい。

①全盲状態の行動的、心理的な経験をする。
②視覚以外の感覚・知覚の向上へ向けて、視覚を遮蔽しなくても他の感覚を使っていくように習慣化する。

[4]**アイマスクによる指導のまとめ**　総合すると全盲となった後を考えてアイマスクを導入することに関しては、その目的と弱視者の希望・意思を尊重する。安易にではなく、適切な状態で、また、弱視者が意欲をもって取り組み、それによって全盲状態を経験して今後に活用しようとする意識があればアイマスクの導入には効果がある（芝田、1981a、2010）。

2）指導の留意点

[1]**感覚の使い分けの指導**　弱視者指導の基本である場面による感覚の使い分けの指導を進めることで、全盲となっても十分能力の発揮は可能性である。

2 **基礎的能力の向上**　以下の点等を行なうことで視覚的に記憶し，それによる基礎的能力の向上を図り，社会適応能力の習得につなげる。
　①保有視覚の良好なうちに多くのタイプの環境や事物・機器等を見て記憶する。
　②多くの場所の歩行や行動の経験を積んで記憶する。
　③この音はこの物体の音といったように他の感覚と視覚を同定させて記憶する。
3 **学校・施設における社会適応訓練（再訓練）の必要性**　全盲になった後，必要に応じて学校・施設で再び全盲に対する社会適応訓練を受けることを考慮しておく。また，学校・施設サイドもそのための受け入れを可能としておくことが大切である。

8．弱視者の指導に関するその他の事項
1）夜間歩行訓練

　昼間の歩行に支障をきたさない弱視者でも網膜色素変性等で視野の周辺部にある杆体のはたらきがわるくなると夜盲となり，夜間歩行訓練が必要となる（芝田，1981b，2010）。この場合，夜間にのみ全盲かそれに近い状態に陥るため歩行に不安・恐怖があるので，夜間歩行訓練はこの不安・恐怖の軽減から開始される。まず，夜間歩行の状態をチェックした後，夜間訓練の準備のために昼間にアイマスクを装着して訓練を実施し，アイマスクによる全盲状態に対する不安の軽減，白杖操作技術や基礎的歩行技術（芝田，2010）の習得が行なわれる。その後，実際に夜間に歩行訓練を行なうのが一般的な指導方法である。なお，アイマスク装着に対する留意事項はすでに記述したとおりである。

　夜間訓練の初期は，弱視者自身にまだ夜間歩行に対する不安がある場合が多いので，昼間訓練で使用したルートを使うこと，昼間訓練で獲得した技術を生かして聴覚への注意が集中できるよう，昼間同様，アイマスクを装着することが大切である。これにより夜間の状況下での視覚への過度の依存を軽減し，聴覚，白杖への注意の分配，それらの活用方法を指導する。その後，アイマスクは使用せずに，昼間で実施した課題に加えて，新たに交差点の発見・横断，目的地発見等の指導が行なわれる。さらに，街灯等に頼ることができないような暗い道路，明るい場所と暗い場所があるような明るさの変化している道路，一方通行で車（ヘッドライト）と同方向，あるいは反対方向の歩行となるような明度がさまざまに変化している道路等での指導へと進める。

　なお，夜間歩行にはフラッシュライト（前方を照射する）等の強力なライトの使

用が有効である（正井ら，2011）。

2）弱視者と白杖携帯

弱視者には，必要であると自覚があっても白杖携帯を好まないことがある。これには社会の障害者を見る目や考え方といった障害理解が大きく影響している。しかし，白杖を携帯する目的（第5章参照）の中の視覚障害者としてのシンボルとしての意味だけでも白杖を携帯することは大切で，それはたとえ視覚で安全性の確保ができる場合でも援助依頼が必要となったときに効果的だからである。

3）視知覚訓練（基礎的能力の指導）

視知覚訓練は基礎的能力の感覚・知覚の中の視覚（実際は視知覚）を対象とし，その向上を図るもので必要に応じて実施される（本多・北出，2003；芝田，1981a，2010）。これには，長時間の指導を避けること，明るさについて屋内ではその光量，光源の位置を変化させ，屋外では異なった時間帯や天候のもとで実施することに留意する必要がある。内容は，探索，固視，図と地の判断，トラッキング，目と手足の協応等である。

4）相談支援

弱視に関する相談支援は，視覚特別支援学校，視覚障害者リハビリテーション施設，医療機関等で実施している。

9．特別支援教育と弱視児

弱視児に対する教育は，視覚特別支援学校，弱視学級（特別支援学級），通常学級で行なわれている。指導には，その弱視児の視覚に応じた次のような学習環境や設定（合理的配慮）が必要である。

　①環境：適切な明るさの教室，黒板等を見やすい机の位置，適切な高さの椅子と机，姿勢・見やすさに配慮した書見台・書写台，羞明への対処としてのブラインド・カーテン等
　②教材：文字等の拡大（拡大教科書等），地図等の明確な図と地・コントラスト・適切な色彩，視覚障害者用の学用品等
　③光学補助具：ルーペ，単眼鏡，拡大読書器等

学習では，かな・漢字の学習や教科書に沿った学習において思い違い，見間違い，見逃し等がないような配慮に富んだ丁寧な指導が不可欠であること，認知力や視知覚の向上を目的とすること等が基本となる。また，経験の不足から認知発達や概念形成に問題があったり，中学生くらいでも自分が見えなければまわりの人も同

じであろうと安易に思い込んだりすることがあるため、全盲と同様、乳幼児時期から基礎的能力を主体とする適切な指導が必要である。

弱視児に限らず、健常児や特別支援学校生徒にも関係することだが、校外学習など未知地域において、段差につまずく、木々などに肩がぶつかる、校内において夕方など薄暗い環境で不活発になるなど、行動に普段と異なる問題がみられると、それは視野狭窄や夜盲の発症やその症状が進行していることが示唆され、網膜色素変性（第1章参照）などが疑われるため、注意しておきたい（芝田、2010、Pp.285-286）。

10. 弱視者と社会

1）弱視者の理解と援助

弱視者はその不自由さが周囲に理解されにくいため、援助を依頼しても、断られる、無視をされる、非難をされることがある（第3章参照）。それが心理的なストレスとなり、活動制限を招くことになってしまう。

弱視者をはじめ視覚障害者に対する援助については、ケース、環境、状況に応じてその方法が異なるので、まず、援助が必要かどうか、どのような援助が必要かを本人に尋ねることが大事である（第12章参照）。

2）歩行環境

建物、道路、交通等の環境における合理的配慮（バリアフリーやユニバーサルデザイン）としての基本的な視点は、十分な大きさ・コントラスト・明るさであるが、以下はその具体例である（弱視者問題研究会、2000；芝田、2010）。

①**階段・段差**　とくに、コンコースや地下街、建物内の階段はコントラストが不明瞭であれば転落してしまうことがある。そのため、階段の1段めと最終段の路面（床）の色を変えておく、あるいは各段の縁端の色を変えておくことが必要である。また、コントラストが明確な手すりの設置も重要である。

②**視覚障害者誘導用ブロック**　視覚障害者誘導用ブロックを触覚ではなく、視覚で利用する視覚障害者もいるため路面の色とのコントラストを明確にする。

③**エレベーター**　エレベーターとその周囲の壁のコントラストを明確にする。また、エレベーターが着いた階を他の階と区別するため、その階を示す表示や各階の壁の色をそれぞれ別なものに変える等の工夫も大切である。

④**エスカレーター**　逆方向ではなく、利用する方向かどうかを判断するためにエスカレーターの取り付け部分の床に大きく、コントラストの明確な矢印をつけ、利用

できない（方向が逆）場合は，×印をつけておく。

⑤ **自動券売機・精算機**　赤いデジタル表示の自動券売機・精算機は見づらい場合があり，また，タッチパネル式のものも使いづらい。

⑥ **運賃表・時刻表・その他の表示**　運賃表・時刻表・その他の表示は，大きな文字で，目の高さにしておくことが必要である。また，電光表示よりは，コントラストの明確な表示のほうが見やすい。

⑦ **ドアやショーウインドー等の大きなガラス**　ドアやショーウインドー等の大きなガラスの存在は，弱視者にとって見えづらく，わかりにくいため，何もそこにないと思ってぶつかってしまうことがある。このため，ドアやショーウインドー等の大きなガラスにシールを添付する等，なんらかの模様をつけてその存在を明確にしておく。

第9章　手引きの考え方と指導

1．手引きの理念

　手引き（健常者による手引き）による歩行（sighted guide, 第5章参照）は，視覚障害者が手引き者に誘導されるという受動的な状態を呈してはいるが，実際は，視覚障害者自身が手引き者の腕を持つという能動的で積極的な姿勢による方法であり，視覚障害者の自立の一手段として利用されるもので，その背景には自立の理念が存在している。したがって，手引きによる歩行は，ノーマライゼーションや活動・参加に通じる視覚障害教育・リハビリテーションの基本的理念の一端を示すものである。

1）手引きの条件

　視覚障害者の手引きは，歩行の条件と同様，表9-1の4つの条件を満たしているものでなければならない（芝田，2010）。ただ，個別性の検討には視覚障害者に加えて手引き者の希望も考慮されている。

表9-1　手引きの4つの条件

①安全性・安心感の確保
②能率性の検討：無駄のない方法
③社会性の検討：見た目に自然な動きや容姿
④個別性の検討：視覚障害者・手引き者の希望，行ないやすい方法

　この条件では，①の安全性・安心感の確保が第一義である。手引き者が，安全性・安心感を確保するためには，適宜，前後左右に気を配ること，無理をしないこと，緊急時に即応できる判断力・行動力をもっていること等，常に緊張感をもって手引きに臨む姿勢が不可欠である。第二義は，同列で②～④の条件である。したがって，①の安全性・安心感の確保という条件が満たされた方法が複数存在する中で，②～④の条件を満たす方法が選択されることになる。

　ここで述べる手引きの形態・進め方は，これらの条件を満たしている基本的で最

良のものであり，多くの視覚障害者と手引き者に適したものであるが，その他が必ずしも妥当性を欠くというわけではない。したがって，基本の形態だけを斉一に考えるのではなく，まず基本の形態がなぜ基本的で最良のものなのか，そして他の形態では何が不十分なのか，さらに，他の形態で行なう場合，どのようにすれば手引きの条件を満たすことができるのか等の理解が必要である。

2）手引きの種類

手引きは，する方である健常者にも，される方である視覚障害者にも一定のきまりを含む技術が必要である。この一定のきまりとは，手引き者による合図と視覚障害者によるそれに即応した行動を意味するが，手引きを能率的に進めていくには，この合図とそれに即応した行動の時期と内容が適切かつ合目的でなければならない。このことから，手引き者側からその方法を考える際，手引きは次のAおよびBの2つに類別される（芝田，2010）。

Aは，歩行訓練としての視覚障害者の手引き技術向上のための方法で，教育・リハビリテーションサイドのものである。つまり，歩行訓練として実施され，手引き者による合図とそれに即応した行動を含む手引きの技術を視覚障害者が学習するための手引きの方法である。一方，Bは，介助（歩行）としての手引きの方法で，福祉サイドのものである。この方法は，さらに2つの方法に分類される。すなわち，手引きを知っている視覚障害者の手引きの方法（B1の方法），および手引きを知らない視覚障害者の手引きの方法（B2の方法）である。B1の方法は，ある程度の手引き技術を習得しており，合図とそれに即応した行動も理解している視覚障害者に対する手引きの方法を意味し，これには，手引きによる歩行訓練を受講した者が含まれる。B2の方法は，手引き技術の習得，および合図とそれに即応した行動の理解が不十分な視覚障害者に対する手引きの方法を意味している。以上をまとめると表9-2のようになる。

表9-2 手引きの種類

Aの方法	歩行訓練としての視覚障害者の手引き技術向上のための方法 （手引き者による合図とそれに即応した行動を学習しようとするもの）
Bの方法	介助としての手引きの方法
B1の方法	手引きを知っている視覚障害者の手引きの方法 （手引き者による合図とそれに即応した行動を理解している場合）
B2の方法	手引きを知らない視覚障害者の手引きの方法 （手引き者による合図とそれに即応した行動の理解が不十分な場合）

手引きによる歩行訓練は，教育・リハビリテーションとして主に歩行訓練士や研修を受けた他の指導者により実施されるもので，Ａの方法で行なわれる。Ｂの方法（第10章参照）は，介助として視覚障害教育・リハビリテーション関係者，医療関係者，視覚障害者の家族・友人，ガイドヘルパー（移動介護従業者），ボランティア等が視覚障害者と歩行する際に，また，社会が視覚障害者を援助する際に行なわれる手引きである。

3）手引きの現状と課題

手引きは，歩行の代表的な方法であり，ガイドヘルパー制度が整備されてきたことによって，その依存度，および利用頻度は非常に高いものとなっている。そのため，多くの人たちが手引きを行ない，さらにその指導にかかわっているのが現状である。しかし，その考え方や方法にはばらつきや偏りが散見する。また，手引きの方法やガイドヘルパーの研修に関する書籍，資料，リーフレット等（この場合，ガイド，介添え，誘導，介助，介護等と記されていることもある）にも，歩行訓練としての手引きの方法（Ａの方法）とガイドヘルパー等による介助としての手引きの方法（Ｂの方法）が混同されているものが多く，結果として，それが視覚障害者のガイドヘルパーに対する苦情の誘因となる等，視覚障害者にとって有益でない事態をまねいている。

また，歩行訓練においては，視覚障害者も指導者も白杖による歩行に主眼を置きがちであることから，手引きを軽視し，手引きのされ方への指導が内容的にも時間的にも等閑視される傾向がみられる。そのため，重要であるべきはずの手引きのされ方（技術）に対する指導が不徹底という，やはり，視覚障害者にとって看過できない事態となっている。手引きは，形態の学習（基礎）は比較的たやすいが，質の高い手引きの行ない方・され方の向上は容易ではなく，時間をかけて習得していくことが必要な技術である。

手引きは，多くの視覚障害者が歩行に利用する方法である。手引きによる歩行訓練（Ａの方法）によってその能力が向上し，手引きのされ方に問題のない視覚障害者もあれば，身体的・能力的な理由から多くの点で手引き者が補う必要のある視覚障害者もある。また，普段はそれほどでなくても歩行環境の状況によっては手引き者が補わなければならない場合もある。一般的に，手引きは，どのような視覚障害者であっても手引きによる歩行訓練だけですべてを解決するというのではなく，介助としてのＢの方法も合わせて考えることが必要である。そのため，Ａの方法とは別異なＢの方法での手引きのさらなる普及が希求される。

2．歩行訓練としての手引きの技術（Aの方法）

　先述したように，Aの方法とは，歩行訓練としての視覚障害者の手引き技術向上のための方法（手引きによる歩行技術，第5章参照）である。

　手引きの形態・進め方について，Bの方法では，手引きの条件からみて一般的な，そして最適な方法であると考えられてもそれを安易に適用せず，条件①（安全性・安心感の確保）に抵触しない範囲で条件②～④を考慮に入れ，その視覚障害者との相談（手引き者による助言を含む）により形態・進め方を判断・決定することを基本とする。この「条件①に抵触しない範囲」は手引き者の技量によっては相当広い範囲が可能となる。

　Aの方法では，主体である視覚障害者の意志・希望に則することが原則であるが，一般的には4つの条件を充足させる最適な方法の習得を希望する視覚障害者のモチベーションに立脚して指導が進められるため，同じ歩行訓練としての白杖による歩行の技術に比して4つの条件における視覚障害者の個人差は比較的小さいのが現状である。したがって，他に障害がある，高齢である等随伴的な要素の検討が必要なケースはあるが，基本的には視覚障害者が手引き者の肘のすぐ上を握るという形態（基本の形態）を主として指導される。

　なお，次にあげる各項目の「方法」はその一般的なものを示し，「注意事項」はその「方法」に関連することがらや指導等における留意事項である。

1）手引きの基本姿勢

[方法：基本の形態]

　まず，手引きの基本姿勢の取り方（コンタクト）であるが，指導者（手引き者）が視覚障害者の横に立ち（手引きをする側），視覚障害者の手の甲に自分の手の甲を軽く接触させる。視覚障害者は，指導者の腕に沿って手を指導者の肘の少し上まで上げていく。

　視覚障害者は，その上腕は肩で屈曲させず，自然に下げ，肘を曲げて指導者より前腕の分だけ後ろに位置し，指導者の肘より少し上を，親指は外側，他の4本の指は内側にして適度な強さでしっかり握る。結果として，その肘はほぼ直角になるように曲げることになる。指導者，視覚障害者とも脇は不自然に広げないようにし，指導者の手引きしている腕は曲げず，自然立位の状態にする。視覚障害者は，常に指導者と同方向を向くように努めるが，そのためには，適正な肩，肘，手首の位置・角度を維持する必要がある（第10章図10-1参照）。

■2．歩行訓練としての手引きの技術（Aの方法）

[注意事項]

①視覚障害者の握る位置：指導者と視覚障害者に大きな身長差がある場合には，視覚障害者が握る指導者の肘の位置を基本の形態よりもさらに上，あるいは肘の下と変更してもかまわないが，基本的には変更せず，基本の形態で行なう。従来から，「視覚障害者の肘は直角に曲げる」というように言われてきた（岩橋・大槻，1968；日本ライトハウス，1975）。また，アメリカでもアップル（M. Apple, 岩橋，1974），ウエスタンミシガン大学（Western Michigan University, 1974），ヒルとポンダー（Hill & Ponder, 1976）らによってそういう記述がなされている。しかし，これはあくまでも基軸であり，「直角」に執着することは適当ではない。厳密にいえば，手引き者と同じ身長でなければ視覚障害者の肘は直角とはならないことになる。優位であるのは，「指導者の肘の少し上を持つこと」であり，「視覚障害者の肘を直角にすること」ではない。したがって，方法で述べたように，「視覚障害者の上腕は肩で屈曲させず，自然に下げ，肘を曲げて指導者より前腕の分だけ後ろに位置」することが必要なのであり，その「結果として，その肘はほぼ直角になるように曲げることになる」のである。ちなみに，ジェイコブソン（Jacobson, 1993）は「直角」という記述はしていない。

②基本以外の形態：たとえば，衣服等で指導者の腕が太くなり，親指は外側，他の4本の指は内側になるように握るという基本の形態では困難な場合がある。この場合，5本の指を指導者の腕に巻き込むようにせざるを得ない。このとき，視覚障害者が肩を屈曲させて指導者の腕に巻き込むようにすると指導者の横に位置することになり，手引きの条件①，②からして不十分な手引きとなってしまうので，指導者より前腕の分だけ後ろに位置することに留意する。したがって，方法で示したように視覚障害者の「上腕は肩で屈曲させず，自然に下げ」ておくことが重要である。

　また，指導者との身長差等の理由から視覚障害者が指導者の肩に手を置くという形態もあるが，これは，狭い所の通過の合図，溝等をまたぐ場合などでやや窮することがあり，前もって合図とそれに即応した行動の方法を決めておくことが必要である。指導者は，この形態で手引きの指導を実施することになっても，それはそのときの手引き者である指導者との身長差がある場合であり，今後，手引きを受ける際に，その手引き者の身長差によっては基本の形態が必要となることも勘案されるので，それによる指導も実施しておく必要がある。

その他の形態もいくつか考えられるが，これらはBの方法として行なわれるものであり，例外もあるが，あえて指導として行なう必要はないであろう。いずれにしても，指導者は，その形態のおのおのが適切かどうかを手引きの条件を基準に判断することが肝要である。

③指導者がたとえわずかでも向きを変えた場合，視覚障害者がそれに反応して指導者と同じ方向を向けるように指導する。そのため，手引きされている手の手首，肘，肩を適正な状態で維持することが不可欠である。

④指導者の動きによって，現在どういう状況にいるのか，次にどういう状況になるのかといった歩行能力でいう環境認知が可能となることがあるため，視覚障害者が指導者の腕の動きに注意するよう指導する。

ⅰ）進行方向が変わった：それにより，角を曲がった，道路の左側から右側へ移動した等と予測できる。

ⅱ）歩行速度が遅くなった：それにより，近くに交差点がある，止まったり迂回しなければならない障害物がある等と予測できる。

ⅲ）手引きをされている腕が上下した：それにより，すぐに路面にアップダウンがある等と予測できる。

⑤手引きする側は，指導初期は左右どちらでも視覚障害者の希望に沿って手引きを行なう。しかし，今後，視覚障害者が他の通行者に手引きを受けたり，その他の余儀ない事態に備えて，左右どちらでも手引きが可能となるように指導をする。

⑥歩行速度は，指導初期は視覚障害者の不安度を考慮に入れるが，慣れてくれば指導者は少し歩速を速めたりし，視覚障害者がその速さについてこられるようにする。これは，今後，一般の通行者に手引きを受ける際に必要となる。

⑦手引きの間に必要に応じて白杖で，環境を確認することもあるが，白杖は基本的には白杖による防御の形か腕で抱え込んで体側につけて持ち，手引き者の歩行の支障とならないように注意する。

⑧手引きの条件①である「視覚障害者の安全性・安心感の確保」を第一義として手引きをする。とくに，2人分の幅の確保，頭上の障害物に対する注意等は軽微なものとして見過ごされがちであり，留意が必要である。

たとえば，2人分の幅の確保では，指導者は手引きしている視覚障害者も自分の身体と考えて手引きをしなければならない。手引きをしているとき，指導者の肘を持っていない側の視覚障害者の肩や手がわずかでも障害物等に当たっ

たり，触れたりするとそれが不安の起因となり，指導における安心感・信頼感を低減させることがある。これらは，安全性・安心感にかかわる非常に大切な事項であり，座視してはならない。

なお，指導者が2人分の幅を確保していてもなお危険と判断される場面では，視覚障害者がより安全な側にいるように手引きする側を変更してもかまわないが，あくまで，指導者が2人分の幅を確保するということを最優先に考える。

2）狭い所の通過
[方法]

2人分の幅が確保できないような狭い所に近づいたら，指導者は手引きしている腕を身体の後ろへ回して合図をする。視覚障害者はその合図に即応して指導者の真後ろに入り，曲げていた肘を伸ばして一列になり，狭い所を通過する（第10章図10-4参照）。通過後，指導者は腕をもとの位置に戻し，狭い所の終わりを合図する。視覚障害者はその合図に即応して手引きの基本姿勢に戻る。

劇場の中のように横歩きしなければならないような狭い所では，横一列になり，お互いの手の甲を触れる等，可能な方法で横歩きする。

[注意事項]

指導者は，初期は狭い所へ来たことを口頭で知らせるか，合図の動作を大きくしてもよいが，徐々に腕だけの合図で視覚障害者が理解できるようにする。また，合図を送る際，視覚障害者が正しい方向（進行方向）を向けるようにするため，指導者は上半身を不用意に捻らないようにする。

3）溝等のまたぎ方
[白杖を利用する方法]

指導者はその溝に直角に近づく。ここでいう「直角」とは「平行」に対するもので，溝等と進行方向の角度が直角になること，つまり正対するという意味である。指導者はまたぐ前にいったん立ち止まり，溝をまたぐことを口頭で視覚障害者に知らせ，指導者の横に位置するよう告げて誘導する。これは，徐々に視覚障害者が自身で指導者の横に進んで止まるようにする。その際，視覚障害者は安全のため，指導者より前に出ないように留意する。

またぐ前に，視覚障害者がまたいだ先の足を置けばよい位置を視覚障害者の持っている白杖で示すことを口頭で確認してからその白杖で示す。指導が進めば，視覚障害者が自身で溝の幅の確認や足を置く位置へ白杖を持って行くようにする。そし

て，2人同時にまたぐ（第10章図10-5参照）。

[その他の方法]

　指導者はその溝に直角に近づき，またぐ前にいったん立ち止まって溝をまたぐことを告げる。視覚障害者に指導者の横に位置するよう口頭で知らせて誘導するが，徐々に視覚障害者が自身で指導者の横に進んで止まるようにする。その際，視覚障害者は安全のため，指導者より前に出ないように留意する。

　指導者が先にまたいで止まるが，その際，視覚障害者が足を置く余地を考えて溝の縁端より15cm程度前に位置する。このとき，視覚障害者はまだまたがないが，手引きされているとき，直角であった腕が伸びることによりどのくらいの幅の溝かを理解する。その後，視覚障害者がまたぐ。

　この他，状況に応じて指導者と視覚障害者が同時にまたぐ方法もある。

[注意事項]

①溝をまたぐ前にいったん立ち止まり，必要に応じて視覚障害者に指導者の横に位置するよう口頭で知らせて誘導するが，視覚障害者が指導者より前へ出ないように注意する。そのとき，視覚障害者が指導者より前へ出ることで危険があれば，指導者はその手で防御をする。指導当初はそういう配慮が必要であるが，指導が進めば視覚障害者が自身で指導者より前へ出ないようにする。

②視覚障害者は腕の伸び具合により溝の幅を理解できるようにする。

③またぐ前に，視覚障害者がまたいだ先の足を置けばよい位置を視覚障害者自身が足でさぐる方法もある。

④先にまたぐ場合，またいだ後，指導者は動かないように留意する。

⑤指導者は，必要に応じて溝の幅を視覚障害者に口頭で知らせてもよいが，口頭によることは可能な限り減少させ，合図だけによって一連の動作ができるようにする。

4）1段の段差の上り下り

[方法：段差を上る場合]

　指導者は段差にまっすぐ直角に近づく。段差を上る前にいったん立ち止まり，1段の段差の上りを視覚障害者に告げ，指導者の横に位置するよう口頭で知らせて誘導する。これは，徐々に視覚障害者が自身で指導者の横に進んで止まるようにするが，その際，視覚障害者は安全のため，指導者より前に出ないように留意する。指導者が先に上がって止まるが，視覚障害者が上がる余地を考えて段の縁端より15cm程度前に位置する。その後，視覚障害者が上がるが，指導者は視覚障害者が上がる

まで動かないようにする（第10章図10-6参照）。また，必要に応じて，視覚障害者が上がったときに段差が終わったことを告げるが，これは可能な限り減少させていく。

[方法：段差を下りる場合]

　指導者は段差にまっすぐ直角に近づく。段差を下りる前にいったん立ち止まり，1段の段差の下りを視覚障害者に告げ，指導者の横に位置するよう口頭で知らせて誘導する。これは，徐々に視覚障害者が自身で指導者の横に進んで止まるようにするが，その際，視覚障害者は安全のため，指導者より前に出ないように留意する。視覚障害者は下りる段差の端を足で確認する。指導者が先に下りて止まるが，視覚障害者が下りる余地を考えて段の縁端より15cm程度前に位置する。その後，視覚障害者が下りる。その際，指導者は視覚障害者が下りるまで動かない。また，必要に応じて，視覚障害者が下りたときに段差が終わったことを告げるが，これは可能な限り減少させていく。

[注意事項]

①口頭によることは可能な限り減少させ，合図（指導者の腕の上下，動きの停止等）だけによって一連の動作ができるようにする。

②1段の段差の上り下りの前にいったん立ち止まり，必要に応じて視覚障害者に指導者の横に位置するよう口頭で知らせて誘導するが，視覚障害者が指導者より前へ出ないように注意する。そのとき，視覚障害者が指導者より前へ出ることで危険があれば指導者はその手で防御をする。指導当初はそういう配慮が必要であるが，指導が進めば視覚障害者が自身で指導者より前へ出ないように指導する。

③視覚障害者は，指導者の腕の動きに注意し，その腕がどれくらい上がれば，どれくらいの段差か理解できるようにする。下りる場合も同様である。

④段に上がったとき，また，下りたとき，指導者は足を動かさないようにするが，これは少しでも動くと視覚障害者にまだ段が続くように感じられるからである。

⑤寺院の山門の下にある横材（地輻）等は，またいでしまうと視覚障害者にはわからず，つまずくことになる。このため，以下のように動作を一つひとつ区切るようにする。

　ⅰ）指導者がその段に上がる
　ⅱ）視覚障害者が次に上がる

iii) 指導者がその段を下りる
iv) 視覚障害者が段を下りる

⑥視覚障害者は必要に応じて白杖で段差をチェックしてもよい。なお，白杖は基本的には白杖による防御の形か腕で抱え込んで体側につけて持ち，上り下りや手引き者の歩行の支障とならないように注意する。

⑦必要に応じて，上る前に視覚障害者がその段に足をかけるようにしてその高さを理解し，指導者と一緒に上がる方法もある。また，下りる場合も既知の段（すでに高さ・位置等を経験し，慣れている場合）であれば一緒に行なう方法もある。

5）階段昇降

[方法：階段上昇]

指導者は階段へまっすぐ直角に近づく。上る前にいったん立ち止まり，視覚障害者に階段の上りを告げ，指導者の横に位置するよう口頭で知らせて誘導する。これは，徐々に視覚障害者が自身で指導者の横に進んで止まるようにするが，その際，視覚障害者は安全のため，指導者より前に出ないように留意する。

指導者は，1段上り，視覚障害者がその1段目を上りかけたときに2段目を上るようにして，常に指導者が1段先を上っていく。そのとき，2人のリズムが乱れないようにし，体重はつま先にややかけるようにする（第10章図10-7参照）。最後の段は，視覚障害者が上る余地を考えて段の縁端より15cm程度前に位置するようにして上り，止まって訓練対象者を待つ。その際，指導者は視覚障害者が上がるまで動かない。最後の段に訓練対象者が上ったときに必要に応じて，訓練対象者に階段は終わりであることを告げるが，これは可能な限り減少させていく。

[方法：階段下降]

指導者は階段へまっすぐ直角に近づく。下りる前にいったん立ち止まり，視覚障害者に階段の下りを告げ，指導者の横に位置するよう口頭で知らせて誘導する。これは，徐々に視覚障害者が自身で指導者の横に進んで止まるようにするが，その際，視覚障害者は安全のため，指導者より前に出ないように留意する。視覚障害者は下りる1段目の端を足で確認する。

指導者は，1段下り，視覚障害者がその1段目を下りかけたときに2段目を下りるようにして，常に指導者が1段先を下りていく。そのとき，2人のリズムが乱れないようにし，体重はやや踵にかけるようにする。最後の段は，視覚障害者が下りる余地を考えて段の縁端より15cm程度前に位置するようにして下り，止まって視

覚障害者を待つ。その際，指導者は視覚障害者が下りるまで動かない。視覚障害者が下り終わったときに必要に応じて，視覚障害者に階段は終わりであることを告げるが，これは可能な限り減少させていく。

[注意事項]
　①口頭によることは可能な限り減少させ，合図（指導者の腕の上下，動きの停止等）だけによって一連の動作ができるようにする。
　②階段を昇降する前にいったん立ち止まり，必要に応じて視覚障害者に指導者の横に位置するよう口頭で知らせて誘導するが，視覚障害者が指導者より前へ出ないように注意する。そのとき，視覚障害者が指導者より前へ出ることで危険があれば指導者のその手で防御をする。指導当初はそういう配慮が必要であるが，指導が進めば視覚障害者が自身で指導者より前へ出ないように指導する。
　③視覚障害者は指導者の腕の動きに注意し，その腕がどれくらい上がれば，1段の高さがどれくらいの階段かを理解できるようにする。下りる場合も同様である。
　④最後の段に上がったとき，また，階段を下り終わったとき，指導者は足を動かさないようにするが，これは少しでも動くと視覚障害者にまだ階段が続くように感じられるからである。
　⑤視覚障害者は必要に応じて白杖で階段の1段目をチェックしてもよい。なお，白杖は基本的には白杖による防御の形か腕で抱え込んで体側につけて持ち，昇降や手引き者の歩行の支障とならないように注意する。また，白杖による階段昇降の技術（単独時）の要領で白杖を操作して昇降する方法もあるが，指導者の腕や身体の動きに反応できない可能性があるため望ましいものではない。

6）エスカレーターの利用

[方法]
　指導者はエスカレーターに近づき，エスカレーターを利用することと，上りか下りかを告げる。その後，指導者がエスカレーターに乗り，続けて視覚障害者が乗るが，その際，視覚障害者は手すりを持ってもよい。視覚障害者は，自分の足を置いた位置が段の継ぎ目であれば，上下どちらかの段に足の位置をかえて調節し，指導者の1段後に位置する。視覚障害者は1段後に位置することにより指導者の腕の動き，つまり，上りの場合は下がっていき，下りの場合は上がってくることによってエスカレーターの終わりを理解する。指導者が降り，続いて視覚障害者が降りる。

[注意事項]
　①視覚障害者はエスカレーターの終わりを理解するため指導者の腕の動きに注意する。
　②視覚障害者が白杖を1段先に位置させることによって，独自でエスカレーターの終わりを判断することもできる。
　③指導初期は，必要に応じてエスカレーターの終わりを口頭で告げてもよいが，徐々に指導者の腕の動きだけで理解できるようにする。
　④手すりが必要であれば，指導初期は指導者が視覚障害者の手を誘導するが，徐々に視覚障害者が自身で持てるようにする（第10章図10-8参照）。

7）交通機関の利用

1 電車の利用　乗降は，ホームと電車の隙間を溝と考え，3）で示した白杖を利用した溝等をまたぐ方法と同様，白杖で確認して行なうが，ホームより電車のほうが高いことがあるので留意する。この他，視覚障害者が手引きされていないほうの手で，ドアの横にある手すりを持って乗降する方法もある。いずれも，ホームと電車の間の隙間に落ち込むことのないよう注意をする。

　改札口については，狭い所と同様の要領で一列になって通過する。自動改札で視覚障害者が自身で切符を投入する場合，投入後に指を挟まないように注意する。係員がいる改札口では，視覚障害者自身が切符を手渡したり，定期券等を見せるとき，指導者は前もってどちら側に係員がいるのかを口頭で指示する。

2 バスの利用　乗降は階段昇降と同様の方法で行なうが，ステップが高いため必要に応じて訓練対象者は手すりを利用する。

8）その他の技術

1 着席　指導者は，訓練対象者の手に触れることを口頭で確認してからその手を椅子の背に触れるよう，また，テーブルがある場合はもう一方の手をテーブルに触れるよう誘導する（第10章図10-10参照）。この他，視覚障害者のふくらはぎが椅子に触れるように，あるいは，座面に手が触れるよう誘導する方法もある。視覚障害者は必要に応じて座面上に物がないかまず手で確認する。着席した後，机に正対するために向かっている机の端に両手で触れ，それに沿って手を左右に動かすことにより確認・修正をする。

2 手引きの腕の持ちかえ　右手で手引きを受けている場合，視覚障害者は手引きされている右手はそのままで左手で指導者の左腕を握る。次に，左手はそのままにして右手を離し，指導者の後ろに回りながら右手で指導者の右腕を握る。右手をその

ままにし，左手で指導者の右腕を握る。最後に，右手を離し，左手で手引きを受ける基本姿勢になる（第10章図10-2参照）。

③ **手引き時の方向転換** 指導者と視覚障害者は手引きしている手を中心に向き合う。視覚障害者は手引きされていない手で指導者のもう一方の腕を持ち，今まで持っていた手を離す。指導者と視覚障害者はお互いに先ほどと逆の方向を向く（第10章図10-3参照）。

④ **戸の通過・開閉**

[方法]

戸を通過する場合，基本的には指導者が戸を開け，後ろにいる視覚障害者が閉める。そのため，指導者が戸を開け，視覚障害者のあいている方の手を持ってドアのノブや引き戸の取っ手部分に誘導する。そのときの状況に応じて，①指導者が視覚障害者に必要な動きを口頭により指示する，②指導者は視覚障害者が閉めるために要する時間的猶予を考える等の配慮を行なう。

この戸の通過・開閉は，手引きによる歩行訓練であっても，視覚障害者の能力，あるいは希望によっては実施せず，つまり，視覚障害者が戸の開閉にはかかわらず，指導者自身が戸を開け，通過後，指導者が閉めることになってもよい。なお，自動ドアの場合，後ろに位置している視覚障害者が閉まるドアに挟まれないように注意が必要である。

[注意事項]

以前は，「指導者が口頭で視覚障害者に指示せず，指導者の動きや状況を理解して視覚障害者が戸を閉めるという方法」が主流であった（日本ライトハウス，1975，1977）。この方法は，1970年から開始された歩行訓練士の養成（第4章参照）に当たってアメリカから導入されたもので，アップル（M. Apple，岩橋，1974），ウエスタンミシガン大学（Western Michigan University，1974），ヒルとポンダー（Hill & Ponder，1976）らも同じ方法を記している。ちなみに，それ以前（体系化された歩行訓練が開始されたのは1965年とされる）にはそういう記述はみられない（岩橋・大槻，1968）。

以下はその方法である。

① ドアの場合，そのときの状況に応じて，手前に開くのか向こうに開くのかで方法が異なる。

② ドアが手前に開く場合，視覚障害者はあいている方の手で上部防御の体勢をとり，ドアをキャッチする。その手をドアに沿って下げ，ノブを持って通過後に

閉める。もし，ドアのちょうつがい側に視覚障害者がいれば，手引きの腕の持ちかえ時と同様，手引きされていない方の手で手引きされていた指導者の腕を持ち，今まで手引きされていた手を離して，結果として指導者の真後ろに位置しながら上記の要領でノブを持って通過後に閉める。
③ ドアが向こう側に開く場合，視覚障害者はあいている方の手で開いたドアを手による伝い歩きの体勢をとって前進してドアのノブをキャッチし，通過後に閉める。もし，ドアのちょうつがい側に視覚障害者がいれば，上記②と同様，手引きの腕の持ちかえ時と同一の方法によって，もう一方の方の手でドアを通過後に閉める。
④ 引き戸の場合は，ドアの手前に開く場合と同様の方法である。視覚障害者はあいている方の手で上部防御の体勢をとり，引き戸をキャッチして通過後に閉める。もし，引き戸が指導者側に開けば，上記②と同様，手引きの腕の持ちかえ時と同一の方法によって，もう一方の手で引き戸をキャッチし，通過後に閉める。

　この方法は，以上のように非常に複雑かつ煩瑣で，過剰なストレスがかかることから，この習得に時間を要し，また習得を望まない視覚障害者は少なくない。そのため，容易に遂行可能な視覚障害者，習得を希望する視覚障害者は例外であるが，一般的にいって歩行訓練だけでは活動制限を低減させる，つまり活動能力を獲得するには困難を伴うものであることから，視覚障害者にとって有益な方法とはいえない。したがって，アメリカで実施されており，さらに，アメリカの文献に記述されているからといって，安易に首肯してこの方法を一般的な指導対象とする必要はなく，状況に応じた適切な判断が求められる。

　戸の通過・開閉は大局的にいえば，参加（ICF），さらには歩行を成立させる要因でいう「社会の障害理解」のカテゴリーで考えられなければならず，社会が援助として行なう内容である。そのため，ここでは，前述のように「手引きによる歩行訓練であっても，視覚障害者の能力，あるいは希望によっては実施せず，つまり，視覚障害者が戸の開閉にはかかわらず，指導者自身が戸を開け，通過後，指導者が閉めることになってもよい」としている。したがって，「指導者が口頭で視覚障害者に指示せず，指導者の動きや状況を理解して視覚障害者が戸を閉めるという方法」は，あえて介助であるＢの方法に挿入しておく必要はないであろう。

3．手引きによる歩行の指導の留意点（Aの方法）

1）指導の考え方

1 **白杖による歩行訓練と並行しての手引きによる歩行訓練**　手引きは，形態の学習（基礎）は簡易であるが，質の高い手引きの行ない方，され方の向上は容易ではなく，時間をかけて習得していくことが必要な技術である。一般的に歩行訓練は手引きによる歩行訓練から開始するが，その後の白杖による歩行訓練においても並行してくり返し手引きの指導を実施し，手引きのされ方の技術的向上をめざす必要がある（図9-1）。

図9-1　手引きによる歩行訓練と白杖による歩行訓練の並行実施

2 **基礎的能力の判定と評価**　手引きの指導を行ないながら今後の歩行訓練の参考とするため基礎的能力（知識，感覚・知覚，運動，社会性，心理的課題）の判定や評価を実施する。さらに，必要に応じて環境認知等歩行能力の評価・指導も実施する。

次に示すのは，基礎的能力の主な内容である。
①知識：左右と方角の理解，環境に関する諸知識等
②感覚・知覚：聴覚（車音等の音源定位とその方向，屋外・屋内の区別，エコー等），運動感覚（手引きをされている手首の状態，坂，道路の水勾配，歩道のスロープ，右左折や距離の知覚等），触覚（視覚障害者誘導用ブロック，路面の状態等），嗅覚（喫茶店，飲食店，花屋等）
③その他：歩行運動の状態，歩行における不安の程度，反応時間等

2）指導の進め方

1 **総合的な留意点**
①手引きは，肩，腕，身体等の運動学習が主となるため，時間をかけてくり返し指導をすることが大切である。その内容は次のとおりである。
ⅰ）手首，肘，肩の適正な位置と角度：手引きの基本姿勢
ⅱ）手引き者の身体の動きへの適切な反応：手引き者が変えた向きに応じて手

第9章　手引きの考え方と指導

引き者と同方向を向けること，手引き者が停止すればそれに応じて手引き者より前に出ないで停止できること等

ⅲ)手引き者の腕の動きへの適切な反応：狭い所の合図，1段の段差の上り下り，エスカレーターの利用等

②視覚障害者の不安とその程度に留意する。

③基本姿勢から指導を始め，習得度によって狭い所の通過，溝等をまたぐ，1段の段差の上り下り，階段昇降等の指導へと進む。

④手引きによる歩行訓練では，手引きに習熟している手引き者だけでなく，それ以外の，たとえば，手引きの方法を知らない一般の通行者によって手引きをされる場合も想定する。そのため，以下のような指導を行なう。

ⅰ)歩行速度を変化させる。

ⅱ)手引き者の口頭による合図を徐々に減少させ，動作による合図だけで視覚障害者が動けるようにする。

ⅲ)手引きに不慣れな人に手引きされる場合もあるのでそのような手引きを実施する。

⑤狭い所，溝，1段の段差，階段，着席等はあらゆるタイプが経験できるようにする。

⑥基本的には，手引きによる歩行訓練は白杖を携帯して行なう。

2 その他の留意点

①狭い所の通過では，初期は静止した状態で指導者の合図で後ろへ入る指導をする。このとき，指導者は，第三者に見てもらったりして視覚障害者が確実に後ろへ入れているかを確認しておくことも必要である。

②階段昇降では，視覚障害者が昇降するタイミングを指導者に合わせられるように指導する。

③エスカレーターの利用では，手引き者が1段先に位置することにより手引き者の腕の動き，つまり，上りの場合は下がっていき，下りの場合は上がってくることによってエスカレーターが終わりであることが視覚障害者に理解できるよう指導する。なお，指導者と視覚障害者が同じ段に乗る方法，または手引きをやめて視覚障害者が単独で利用する方法等もあるが，これらはBの方法であるので，あえて指導する必要はない。

④手引きの技術の向上にはくり返しが不可欠であるため，視覚特別支援学校，視覚障害者リハビリテーション施設の指導を担当しない教職員や指導員，視覚障

害者の家族は復習的な指導を担うことになる。そのため，Aの方法についての講習が必要である。

4．Bの方法の留意点およびAの方法との相違点

　歩行訓練としての視覚障害者の手引き技術向上のための方法であるAの方法と，介助としての手引きの方法であるBの方法は基本的に相違している。一般的に，Aの方法では，視覚障害者の手引きのされ方の能力を高める目的で手引きをするため，視覚障害者自身が遂行しなければならないことが多いが，Bの方法では，それらを手引き者が遂行，あるいは代行・補足することを基本とする。B1の方法は，Aの方法に類似した部分が多いが，B2の方法では異なっている部分が多い。

　ところで，成人視覚障害者の中には，歩行訓練を受講せず，外出はガイドヘルパー等に依存しているという場合がある。したがって，Bの方法とは，B2の方法を主流としなければならず，Bの方法はことごとくB1の方法であると錯誤すると，Aの方法とBの方法を混同し，介助であるはずのBの方法がAの方法に強く影響を受け，介助から乖離することになってしまうので留意が必要である。

　なお，内容によっては，B2の方法で実施しても，すぐにその合図やそれに即応した動作等が理解でき，B1の方法で実施できる場合もある。したがって，以下に述べるBの方法（つまりB2の方法）は，あくまで原則や基本としてのものであり，極端な場合，2回目以降においてはB1の方法で行なえることもある。

　ここから，Bの方法の留意点およびAの方法との相違点を列記するが，Aの方法については，これまでに論じてきたので概略のみとする。また，Bの方法については，第10章で詳述している。

1）総論的な留意点・相違点

1　**手引きの形態・進め方の判断・決定**　Aの方法では，手引きの条件からみた最適な方法で手引き（指導）をする。

　Bの方法では，手引きの条件からみて一般的な方法であると考えられてもそれを安易に適用せず，条件①（安全性・安心感の確保）に抵触しない範囲で条件②〜④を考慮に入れ，その視覚障害者との相談により方法を判断・決定することを基本とする。この「条件①に抵触しない範囲」は手引き者の技量によっては相当広い範囲が可能となる。

2　**合図とそれに即応した行動**　Aの方法では，口頭による補助は可能な限り減少

させ，合図だけでそれに即応した行動がとれることを目的として手引き（指導）をする。

Bの方法では，その視覚障害者の状態に応じて合図だけでなく，口頭による補助も重視し，それに即応した行動においても必要に応じて手引き者が補助をする。

3**身体や腕の動きへの反応**　Aの方法では，視覚障害者が手引き者（指導者）の身体や腕の動きに適切に反応できることを目的として手引き（指導）をする。

Bの方法では，その視覚障害者の手引きの習熟度によってその反応の度合いが変わるため，反応が難しい視覚障害者には手引き者が口頭あるいは行動で補う。

2）各論的な留意点・相違点

1**手引きの基本姿勢のとり方：コンタクト**　Aの方法では，手引きの基本姿勢のとり方（コンタクト）を指導する。

Bの方法では，B1の方法としてはこの方法は可能であるが，B2の方法では，手引き者にその手の甲に接触させられても，それが手引き者の手を伝って上に上げていくという合図であることが理解できていないことがあるため，総合的にBの方法としてはこの方法は行なわず，手引き者が口頭によって手引きの基本姿勢をとることを基本とする。

2**手引き時の白杖**　Aの方法では，手引き時の白杖の持ち方や確認等の操作法を指導する。

Bの方法では，手引き時の白杖に関しては，主体であるその視覚障害者の意志に沿うようにすることが大切で，手引き者による一様な方法や偏った方法の指示あるいは要求は適当ではない。アドバイスや修正が必要な場合は，手引きの条件に則して視覚障害者と相談して適切に判断をする。

3**身長差のある場合**　Aの方法では，多少の身長差であれば基本の形態は変更しない。

Bの方法では，Aの方法と同様，多少の身長差であれば基本の形態は変更しないことを基本とする。

4**手引きする側**　Aの方法では，視覚障害者が左右どちらでもできることを目的として手引き（指導）をする。

Bの方法では，その視覚障害者の好む側で手引きをする。

5**歩く速さ**　Aの方法では，視覚障害者が多様な歩速を経験し，それに対処できることを目的として手引き（指導）をする。

Bの方法では，その視覚障害者の希望の歩速に合わせて手引きをする。

■4. Bの方法の留意点およびAの方法との相違点

6 **手引きの腕の持ちかえ・方向転換** Aの方法では，手引きの腕の持ちかえ・方向転換を指導する。

Bの方法では，B1の方法では可能であるが，B2の方法では視覚障害者がその動き方がわからないことがあるため実施せず，手引き者が自ら動いて腕の持ちかえや方向転換を行なうことを基本とする。

7 **戸の通過・開閉** Aの方法では，戸の開閉については基本的には手引き者（指導者）が開け，後ろにいる視覚障害者が閉めるようにする。しかし，手引きの指導場面であっても，視覚障害者の能力，あるいは希望によっては，指導せず，つまり，視覚障害者が戸の開閉にはかかわらず，指導者自身が戸を開け閉めしてもよい。

Bの方法では，視覚障害者に閉めることを要求せず，手引き者が開閉することを基本とする。

8 **溝等のまたぎ方：白杖を利用する場合** Aの方法では，視覚障害者が自身で白杖をまたいだ先の足を置く位置へ持って行くよう指導する。

Bの方法では，手引き者が視覚障害者の保持している白杖に触れることを告げた後，その白杖をまたいだ先の足を置く位置へ持って行くことを基本とする。また，必要に応じて溝の幅を「○cmくらいの溝です」というように手引き者が伝えてもよい。

9 **階段の昇降** Aの方法では，手引き者（指導者）が1段先を昇降し，視覚障害者がリズム等を合わせられるよう指導する。

Bの方法では，その視覚障害者の状態に応じて手引き者がリズムを合わせる。また，必要に応じて，①手引き者と視覚障害者が同じ段を昇降する，②視覚障害者が手引きされていない方の手で手すりを持って昇降する，③手引きをやめて視覚障害者が単独で昇降する等の方法が考えられるので，視覚障害者と相談して判断することを基本とする。

10 **エスカレーターの利用** Aの方法では，視覚障害者が手引き者（指導者）の1段後に位置する。

Bの方法では，①Aの方法と同様，視覚障害者が手引き者（指導者）の1段後に位置する，②手引き者と視覚障害者が同じ段に位置する，③手引きをやめて視覚障害者が単独で利用する（その際，手引き者が視覚障害者と同じ段に乗るか，1段先，あるいは後に乗るかどうかは，その場に応じて適切に判断をする）等が考えられるので，基本は視覚障害者と相談して判断する。また，視覚障害者の希望によっては手すりを持つ。

[11] **電車の利用**　Ａの方法では，視覚障害者が自身で白杖を車内の足を置く位置へ持って行くよう指導する。あるいは，視覚障害者が自身で車内の手すり（ドア横）を持つよう指導する。

　Ｂの方法では，手引き者が視覚障害者の保持している白杖に触れることを告げた後，車内の足を置く位置へ持って行く，あるいは，手引き者が視覚障害者の手に触れることを告げた後，その手を車内のドア横にある手すりへ誘導することを基本とする。

[12] **バスの利用**　Ａの方法では，バスの手すりを持って乗降する場合，視覚障害者が自身で手すりを持つよう指導する。

　Ｂの方法では，手引き者が視覚障害者の手に触れることを告げた後，その手を車内の手すりへ誘導することを基本とする。また，手引きをやめて単独で乗降することを視覚障害者が希望した場合，転落や踏みはずしのないようにし，手引き者は視覚障害者の先に位置するのか，後に位置するのかはその状況に応じて判断する。

[13] **視覚障害者から離れるとき**　Ａの方法では，手引き者が視覚障害者から離れるときは，壁，柱等に触れるよう誘導してもらうことで安心感を得ることができるので，そのように手引き者に依頼することが基本である。ただし，視覚障害者やその時の状況によってはそうでないこともある。

　Ｂの方法では，Ａの方法と同様，壁，柱等に触れるようにすることが基本ではあるが，その視覚障害者と相談して判断する。

3）その他のＢの方法

[1] **視覚障害児**　幼児のように体格的，体力的に基本の形態では手引きの条件から勘考して困難や不都合が生じる場合は，手をつなぐ，手を握るといった形態が有効である。成長度に応じて適切な時期にＡの方法による手引きによる歩行訓練が実施されるが，それ以前の幼児・児童期でも，歩行に必要な基礎的能力の指導等，状況に応じてＢの方法による手引き歩行を実施する。

[2] **医療機関**　医療機関では，手術や受障直後等，患者がバランスをくずしたり，不安が高いときなどに，医療スタッフが患者の両手を持つという形態（手引き者である医療スタッフは患者と向き合って後ろ歩きをするもので，両手誘導といわれる）や患者を抱え込むような形態も必要であり，実施されている（第3章参照）。ただし，患者が行動的に安定してくればすみやかに基本の形態での手引きに変更する。

第10章 介助としての手引きの方法

1．介助としての手引きの考え方
1）Bの方法
　第9章で述べたように，視覚障害者の手引きの方法は2種類ある。一つは，歩行訓練としての視覚障害者の手引き技術向上のための方法（歩行訓練）であるAの方法，もう一つは，歩行としての手引きの方法（介助）であるBの方法である。さらに，Bの方法には，手引きを知っている視覚障害者の手引きの方法であるB1の方法と，手引きを知らない視覚障害者の手引きの方法であるB2の方法がある。本章では，介助として，視覚障害教育・リハビリテーション関係者，医療関係者，視覚障害者の家族・友人，ガイドヘルパー（移動介護従業者），ボランティア等が視覚障害者と歩行する際に，また，社会が視覚障害者を援助する際に行なわれる手引きであるBの方法について解説する。

　手引きの条件は，第9章に示したものと同様である。ここで解説する手引きの方法は，手引きの条件を満たしている基本的で最良のものであり，多くの視覚障害者が希望する方法であるが，その他の方法が不適切というわけではなく，いくつかの他の方法が存在する。そのため，この手引きの方法の学習においては，その形態だけを学習するのではなく，なぜこの手引きの方法が基本的で最良のものなのか，他の方法では何が不十分なのか，さらに，他の方法で行なう場合，どのように配慮すれば手引きの条件を満たすことができるのかを理解しておくことが重要である。

2）手引きの留意点
　次にあげるのは，視覚障害者の手引きに際しての大きな留意点であるが，手引き時でも，視覚障害者は白杖を携帯することが原則となる（第12章参照）。

1 **援助のあり方**　一般に援助はその障害者の希望に沿って行なうというのが原則であり，あり方であるため，この点を理解して手引きが行なわれなければならない。視覚障害者と接していく際には，まず「話し合う」「希望を尋ねる」ということが重要である。

2 **手引きのあり方**　手引きは，手引き者が視覚障害者と2人3脚をするようなもので，行動的に2人の呼吸が合うということが大切である。ただし，可能な範囲で視覚障害者の希望に沿うようにはしても，安全性・安心感の確保を忘れてはならない。手引きのされ方については，熟知している視覚障害者もいれば，そうでない視覚障害者もいる。また，内容によっては，個人によって方法が異なる場合がある。したがって，必要に応じてどのように手引きすればよいのか，その視覚障害者と話し合い，手引きの条件のもとに判断をする。

　その他，手引きのされ方を知らない視覚障害者のときは，話し合いながら，必要に応じて手引き者が方法を指示する。

3 **総合的な判断力**　手引きにおける安全性・安心感は，手引き者が適切に判断することによって確保される。さらに，基本となる手引きの方法は最良のものであるが，実際の手引きにあたっては，その環境やケースに応じて手引き者が判断しなければならないことが数多くある。そのため，手引き者には常に確実で適切な判断力が要求されるが，その判断の基準となるのが手引きの条件である。

2．基本姿勢と留意点

1 **基本の形態**　手引き者は，視覚障害者の前腕（肘から手までの部分）の分だけ，つまり，半歩程度，視覚障害者の前に立ち，手引き者の肘の上を視覚障害者に持ってもらう（図10-1）。このとき，視覚障害者は，上腕は自然に下げ，肘をほぼ直角に曲げて，親指は外側に，他の4本の指は内側にして，手引き者の腕を適度な強さでしっかり握るようにする。手引き者と身長差があるときは，上腕を自然に下げること，前腕の分（半歩程度）だけ間隔をあけることが大事であるので，結果的に肘が正確に直角とならなくてもかまわない。手引き者の手引きしている肘は，リラックスし，とくにその肘を曲げる必要はない。さらに，両者とも手引きしているほうの脇は不自然に広げないようにする。この形態で常に手引き者が前を歩行する。一般に，後方から歩いていくほうが安心なため，後ろから押したり前から引いたりは望ましい形態ではない。

2 **その他の形態**　その他の形態としては，①視覚障害者が手引き者の肘を持たずに手を回して組むようにする，②視覚障害者が手引き者の肩に手を置く等がある。これらの場合，その視覚障害者と話し合い，手引きの4つの条件に基づいて適切な形態を判断する。

3 **手引きする側**　手引きする側は視覚障害者の希望に則る。手引き者が2人分の幅

■2．基本姿勢と留意点

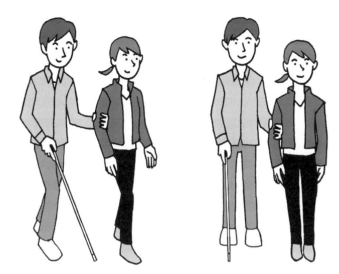

図10-1　手引きの基本の形態

を確保していてもなお安全性が確保できないと判断される場面では，視覚障害者がより安全な側にいるように手引きする側を変更するという考えもある。しかし，たとえば，その道路の安全性など環境の状況に関係なく，建物側は視覚障害者，車道側は手引き者というように，画一的に考えて無理に手引きする側を変更するようなことはせず，まず，あくまで手引き者が2人分の幅を確保するということを第一に考え，そして判断することが大切である。

4 **2人分の幅**　手引き者は手引きしている視覚障害者も自分の身体だと考え，視覚障害者の分も含めて常に2人分の幅を確保しながら手引きをする。手引きをしているとき，手引き者の肘を持っていない側の視覚障害者の肩や手が障害物等に当たったり，触れたりすることのないように十分注意しなければならない。視覚障害者にとっては物に少し触れるだけで安心感を損なう。結果として，その手引き者に対する信頼感にも影響を及ぼすことになる。さらに，手引き者よりも視覚障害者の身長が高い場合は，視覚障害者の上部（頭，顔等）にも注意が必要である。以上のことは安全性・安心感にかかわる非常に大切な事項である。

5 **歩く速さ**　歩く速さは速すぎても遅すぎても適切性を欠く。その視覚障害者と話し合い，手引き者の希望も含めて適度なものにする。

6 **説明と声かけ**　何かあるときやこれから何かを行なうときには，その行為の説明

143

等，必ず一声かけてから行なう。会ったときや別れるときも声をかけるとよい。また，別れるときは，視覚障害者の今いる位置，向いている方向を視覚障害者の希望に応じて伝えることが大切である。

7 **方向の変化**　視覚障害者によっては，急に方向を変えたりせずに，「右に寄ります」「角を左へ曲がります」と一声かけてから行動することを希望する場合がある。必要かどうかを尋ねる等，話し合うことが望ましい。

8 **環境の変化**　何か環境に変化があっても，視覚障害者にはわからないときがあるので，無言で行動せずに，なぜそのような行動をとるのか，その理由を説明する。たとえば，歩道上に何か障害物があって避けるためにやむを得ず車道を歩行しなければならないといったときである。

9 **周囲の風景**　視覚障害者が望めば，周囲の風景の説明をする等，話し合いながら楽しく歩くのが望ましい。その説明の内容，方法が適切かはその視覚障害者に確認をするとよい。

10 **基本の形態のとり方：コンタクト**　手引き者は，視覚障害者の横に立ち（手引きをする側），視覚障害者の手の甲に自分の手の甲で軽く触れる。視覚障害者は自分の手を触れている手引き者の手から腕に沿って肘の上まで上げていき，手引きの基本の形態をとる。この基本の形態のとり方については，視覚障害者も認識していることが前提である（Ｂ１の方法）。そうでない場合は手引き者がこの方法を指示するか，あるいは他の方法で行なう。

11 **手引きの腕の持ちかえ**　図10-2（手引き者の左腕から右腕に持ちかえる場合）のように，視覚障害者は，手引きされている右手はそのままで，左手で手引き者の左腕を握る。左手はそのままにして右手を離し，手引き者の後ろに回りながら右手で手引き者の右腕を握る。次に，右手をそのままにし，左手で手引き者の右腕を握り，右手を離す。この方法は，視覚障害者も認識していることが前提である（Ｂ１の方法）。そうでない場合はこの方法で行なう必要はなく，手引き者が自ら動いて持ちかえるようにする。

図10-2　手引きの腕の持ちかえ

■3．さまざまな環境での手引きの方法

12 **手引き時の方向転換**　図10-3（手引き者の左腕で手引きしている場合）のように，手引き者は，手引きしている手を中心に視覚障害者と向き合う。視覚障害者は，手引きされていない手で手引き者のもう一方の腕を持ち，今まで持っていた手を離して方向転換を行なう。この方法は視覚障害者も認識していることが前提である（Ｂ１の方法）。そうでない場合はこの方法で行なう必要はなく，手引き者が自ら動いて方向転換をする。

図10-3　手引き時の方向転換（Ｂ１の方法）

3．さまざまな環境での手引きの方法
1）狭い所の通過

　２人分の幅が確保できないような狭い所は，まず，手引き者が「狭い所ですので，私の後ろへ入って下さい」等一声かける。そして，自分の手引きしている腕を

図10-4　狭い所の通過（視覚障害者の曲げていた肘はまっすぐ伸ばす）

145

後ろへ回すという合図を送って，視覚障害者に手引き者の真後ろへ入ってもらい，一列になって歩く（図10-4）。そのとき，曲げていた視覚障害者の肘はまっすぐに伸ばす。通過し終われば，「終わりました」等と声をかけて腕をもとのように曲げ，基本の形態に戻る。狭い所が長く続くような場合は，手引きをやめ，視覚障害者が手引き者の肩に手を置いたり，背に触れながら歩いてもかまわない。

　また，1人分の幅も確保できず，横歩きしなければ通過できないような狭い場所，たとえば劇場の中では，お互いの手の甲を触れさせながら横歩きをする。その際，手引き者と視覚障害者のどちらが先に行くかはその状況に応じて決めるか，その視覚障害者と話し合ってあらかじめ決めておく。視覚障害者の中には狭さの間隔を自分の持っている白杖で確認する人もある。また，この狭い所の通過方法や合図を知らない場合は，必要に応じて手引き者がこの方法を指示する。その他，ここで説明した方法については，どのようにすれば容易にできるか，必要に応じてその視覚障害者と話し合ったり，前もって練習しておくことも必要である。

2）ドア・引き戸の通過・開閉

　一般的にドア・引き戸の通過は狭い所の通過と同様の方法で行なう。ドア・引き戸の開閉は基本的には手引き者が実施するが，手引き者が前，視覚障害者が後ろに位置しているため，開けるのは手引き者，閉めるのは視覚障害者という方法で行なうこともできる。そのときは，ドアのノブの位置を示す等，閉め方を視覚障害者に指示しなければならないときがあることから方法が煩雑になるため，視覚障害者自身がこの方法を希望しない場合もある。いずれにしても，視覚障害者と相談して実施する。また，自動ドアの場合，後ろに位置している視覚障害者が閉まるドアに挟まれないように注意する。

3）溝等のまたぎ方

［白杖を利用する方法］

　またぐ溝に対して斜めにならず，直面する（溝に対して進行方向が直角となる）ように近づき，一旦停止する。溝があるということを視覚障害者に告げ，必要に応じて，視覚障害者に手引き者の横に位置してもらう。そのとき，視覚障害者が手引き者より前へ出ることで危険があれば，手引き者は安全のためその手で防御をする。

　次に，その持っている白杖に触れることを視覚障害者に口頭で確認したうえ，視覚障害者が，またいだあと足を置けばよい位置をその白杖で示す。そして，2人同時にまたぐ（図10-5）。視覚障害者や溝の状況によっては，白杖で足を置く位置や

■3. さまざまな環境での手引きの方法

図10-5 溝のまたぎ方（白杖を利用する方法）

溝の幅の確認を視覚障害者自身でする場合があり，手引き者があえて確認をする必要のない場合もある。

[その他の方法]
　その他の方法としては，手引き者が先にまたぐ方法がある。手引き者は，視覚障害者が溝をまたいだ後の足を置く余地を考えて，またいだ後，溝より少し前に出るようにして立ち止まる。そして，視覚障害者がまたぐのを待つが，その際，手引き者の足は動かさないようにする。手引き者が先に渡るということにより，視覚障害者の手引きされている腕が伸びて，どのくらいの幅の溝かが視覚障害者に理解できる場合がある。また，必要に応じて溝の幅を「○cm くらいの溝です」というように伝えてもよい。溝等のまたぎ方は，このようにいくつかあるので，その状況に応じて適切に使用する。

4）1段の段差の上り下り
[手引き者が先に動く方法]
　溝と同様，1段の段差に直面するように近づき，上る（下りる）前に，いったん立ち止まる。1段，上がるということを視覚障害者に告げ，溝の場合と同様，必要に応じて，視覚障害者に手引き者の横に位置してもらう。そのとき，視覚障害者が手引き者より前へ出ることで危険があれば，手引き者は安全のためその手で防御を

する。

　まず，手引き者が先に上がるが，視覚障害者が上がる余地を考えて，上がった後，少し前に出るようにして止まる（図10-6）。次に，視覚障害者が上がるが，手引き者は，視覚障害者が上がるまで動かないようにする。視覚障害者が上がったときに，段差が終わったことを告げる。

[その他の方法]

　段差を上がるとき，視覚障害者にその段に足をかけるようにしてその高さを確認してもらい，一緒に上がることもできる。必要に応じて，その段差の高さを「○cmくらい」というように伝えるのもよい。

　また，お寺の山門の下にある横材（地輻）等は，またいでしまうと視覚障害者にはわからず，つまずくことになる。そのため，前述と同様，上がる前に，視覚障害者にその段に足をかけるようにしてその高さを確認してもらい，一緒にまたぐ。あるいは，この1段の段差の上りと下りを2つ合わせたものと考え，前述の順序に従って，①手引き者がその段に上がる，②視覚障害者が次に上がる，③手引き者がその段を下りる，④視覚障害者が段を下りる，というように動作を一つひとつ区切るようにする。なお，視覚障害者の中には，段差の位置や高さを自分の白杖で確認

図10-6　1段の段差

する場合もある。

[段差の高さによる方法の選択]

　ここで説明した方法は，段差の高さがある程度ある場合であり，たとえば，歩道のすりつけのように段差が低い場合はどうするか，どの程度の高さであればこの方法によって上り下りするのか等は，その場所，視覚障害者に応じて判断する。

5）階段の昇降

[手引き者が先に昇降する方法]

　階段は，1段の段差が連続したものと考え，そのため基本的には「1段の段差の上り下り」と同様の方法で行なう。まず，階段に直面するように近づき，上る（下りる）前にいったん立ち止まる。上り（下り）階段であることを視覚障害者に告げ，溝の場合と同様，必要に応じて，視覚障害者に手引き者の横に位置してもらう。そのとき，視覚障害者が手引き者より前へ出ることで危険があれば，手引き者は安全のためその手で防御をする。

　手引き者は1段上り，視覚障害者がその段を上りかけたときに2段目を上るようにして，常に手引き者が1段先を上っていくようにする（図10-7）。そのとき，2人のリズムが乱れないようにすることが大事である。また，昇降速度は速すぎて

図10-7　階段の昇り

も，遅すぎてもバランスを崩すことがあり，危険な場合があるので適度なものにする。最後の段は，手引き者は，視覚障害者が上る余地を考えて，上った後，少し前に出るようにし，止まって視覚障害者を待つ。その際，手引き者の足は動かさないようにする。少しでも動くと，視覚障害者はまだ階段が続くように思ってしまい，踏み外すような感じになることがあるため注意が必要である。最後の段に視覚障害者が上ったときに，階段が終わったことを告げる。

[その他の方法]
　必要に応じて，手引き者と視覚障害者が同じ段を上ったり，視覚障害者が手引きされていない方の手で手すりを持って上ったり，さらに，手引きをやめて，視覚障害者が単独で上ったりする方法もある。どの方法を使用するかの判断は視覚障害者と相談して決める。
　1段，1段の幅や高さが異なったり，不規則な階段では,「1段の段差」と同様，1段，1段を区切って昇降してもよい。なお，らせん階段では，視覚障害者が手すりを持つ，段の中央の昇降しやすい幅の部分を昇降するといった配慮が必要である。また，視覚障害者の中には階段の位置，1段の高さを自分の白杖で確認したり，1段，1段を白杖で確認しながら昇降したりする場合もある。

6）溝，1段の段差，階段の動きのまとめ
　溝，1段の段差，階段は，基本的に同じような動きであり，総合すると表10-1のような順序となる。手引きの際はこの順序とそのときの動き，声かけを忘れてはならない。

表10-1　溝・1段の段差・階段における基本的な動きの順序

1．溝・段差・階段に対して斜めにならず，直面（それに対して進行方向が直角）するように近づく。
2．その前でいったん立ち止まる。
3．これから行なうことを伝える。
4．必要に応じて視覚障害者に手引き者の横に位置してもらう。そのとき，視覚障害者が手引き者より前へ出ることで危険があれば，手引き者は安全のためその手で防御をする。
5．手引き者が，視覚障害者が足を置く余地を考えて少し前に出るように先に動いて止まる。
6．手引き者は，視覚障害者が動くまで動かないようにする。
7．視覚障害者が動く。そのとき，行為が終わったことを告げる。

■3．さまざまな環境での手引きの方法

7）エスカレーターの利用

　視覚障害者が単独で利用する場合は，エスカレーターの段に乗った後，それが段の継ぎ目であれば，足の位置を変えて，1段上，あるいは下というように調節をする。

[同じ段に乗る方法]

　手引きでのエスカレーターの利用時には，まず，エスカレーターを利用することと，上りか下りかを告げる。そして，視覚障害者の希望によっては手すりを持ってもらい（図10-8），タイミングよく，手引き者と視覚障害者が同時に同じ段に乗る。エスカレーターから降りる場合も，同様に同時に降りる。このとき，視覚障害者が単独でエスカレーターを利用するときのように，視覚障害者自身が，白杖を1段先に位置させることによって，独自でエスカレーターの終わりを判断するといった場合もある（図10-9）。

[1段先の段に乗る方法]

　手引き者が1段先の段に乗る方法では，1段先に位置する手引き者の腕の動き，つまり，上りの場合は下がっていき，下りの場合は上がってくることによって，エスカレーターが終わりであることが視覚障害者に理解できる。

[その他の方法]

　1人分の幅しかないエスカレータでは，一列にならざるを得ない。その際，手引

図10-8　エスカレーターの利用

図10-9　単独でのエスカレーターの利用（白杖使用）

151

き者が先の段に乗り，狭い所の通過の要領でエスカレーターを利用するのが適切である。なお，手引きをやめて，視覚障害者が単独で利用することもある。ただ，その際，手引き者が視覚障害者と同じ段に乗るか，1段先，あるいは後に乗るかは，その状況に応じて適切に判断する。また，手引きではなく，単独で利用する場合でも，エスカレーターの終わりを告げることが必要な場合もある。このように，エスカレーターの利用方法にはいくつかあるので，相談して判断をする。

8）椅子への誘導

椅子に座るときは，その旨を告げて，視覚障害者の手が椅子の背に触れるように誘導し，テーブルがある場合は，もう一方の手もテーブルに触れるように誘導する（図10-10）。また，視覚障害者のふくらはぎが，椅子に触れるように誘導したり，シートに手を誘導する方法もある。

図10-10　椅子への誘導

9）電車の利用

①**切符の購入**　自動券売機は，視覚障害者にとって扱いづらいものである。そのため，切符は手引き者が2人分をまとめて購入してもよい。公共交通では，視覚障害者は無料や割引になる場合がある。割引切符の場合，どのような方法で購入するかは，その鉄道会社で異なるので係員に尋ねておく。なお，次のバスも同様だが，割引切符購入の際には身体障害者手帳が必要である。また，視覚障害者の中には単独での切符購入を希望する場合もある。

■3．さまざまな環境での手引きの方法

2 **改札口の通過**　改札口は，狭い所と同様の要領で一列になって通過する。切符は手引き者が2人分を渡してもよい。また，自動改札では，2人分の切符を1枚ずつ入れてもかまわないので，重ならないように1枚ずつ続けて入れ，それから一列になって通過して順に出てくる切符2枚を取る。視覚障害者によっては，自分で切符を入れることを希望する場合もある。また，有人の改札口では視覚障害者が切符を自身で手渡す場合もあるが，そのときはどちら側に係員がいるのかを指示する。

3 **電車の乗降**　電車の乗降の際は，ホームと電車の間の隙間に落ち込む恐れがあるので，この点に十分注意しなければならない。そのため，いつ乗車するのかを確実に告げることが重要である。一般に，改札を入るとき，ホームに出るとき，乗車のために電車に近づくとき等，すべて「電車に乗ります」と視覚障害者に告げて動きがちである。「電車に乗ります」という言葉かけは，乗車時だけに使うようにする。電車の乗降は，このホームと電車の間の隙間を溝と考え，溝等のまたぎ方と同様の方法で行なう。ただし，ホームより電車のほうが1段高くなっている場合もあるので注意が必要である。

また，視覚障害者の手引きされていないほうの手で，ドアの横にある手すりを持ってもらって乗降することもできる。その他，必要に応じて話し合いながら判断する。

4 **座席への誘導**　基本的には椅子への誘導の方法と同様である。また，車内で立っている場合は，手すり等を持ったほうが安全である。

5 **混雑しているホーム**　混雑しているホームでの歩行は，危険なこと等のないよう，とくに注意をしなければならない。また，急がず，人の流れが途切れるまで待ってから歩き出すようにしてもよい。

10）バスの利用

1 **バスの乗降**　バスの乗降は，階段昇降と同じ要領で行なう。しかし，1つのステップが高いため，手すりを利用したほうがより安全である。乗降口が狭い場合は，狭い所の通過の要領で一列になって乗降する。また，手引きをやめて単独で乗降する場合もあるが，そのときは，ステップの昇降に応じて，視覚障害者の手を持ちやすい手すりに誘導する。その際，転落や踏み外しのないようにし，手引き者は視覚障害者の先に位置するのか，後に位置するのかはその状況に応じて判断する。

2 **その他の留意点**　運賃の支払いは，電車と同様，手引き者が2人分をまとめて行なってもよい。公共交通では視覚障害者は無料や割引になる場合がある。また中には，運賃の支払いや乗降を単独で行なう視覚障害者もいる。単独での支払いの際

は，必要に応じて，運賃投入口（支払い用の口）に手を誘導する，あるいは，口頭で指示をする。座席に座る場合は，横歩きするような形で誘導することが必要となる。

11）自動車の乗降

視覚障害者の一方の手は自動車の屋根に，もう一方の手はドアに触れるように誘導する。着席と同様，後は手助けなしで乗車ができる（図10-11）。そのとき，必要に応じて乗降時に，屋根・ドアに視覚障害者の頭部が当たらないよう，手引き者が手で屋根・ドアをカバーするといった注意が必要である。視覚障害者が乗車する場合，まず車の側面に背を向けて着席し，その後，身体を90°回して足，白杖を車内へ入れるようにすると容易に乗車できる。また，必要な場合は，視覚障害者にその自動車の進行方向を指示する。

図10-11　自動車の乗車

12）視覚障害者から離れるとき

切符を買いに行くとき等，手引き中に視覚障害者から離れなければならないときは，空間に1人でいるのは不安な場合があるので，壁，柱等に触れるよう誘導するとよい。その視覚障害者と相談する。

13）その他の留意点

①**雨の日の手引き**　2人分が入れる大きな傘があればよいが，ない場合はそれぞれが傘をささざるを得ない。それでも濡れることがあるので，レインコートの着用が望ましい。また，視覚障害者にもすすめておくとよい。

②**夏季の手引き**　夏は汗で手引きが困難になることがある。ハンカチ等を間に入れて手引きをしたり，手引きの手を左右時どき変えるといった方法が考えられる。ま

た，ガイドヘルパーや手引きボランティアの中には，夏季に限らず，手引きする腕にはめる布製のカバーを作成して使用している例もみられる。

3 **2人以上の手引き**　手引きは1対1が原則であるが，屋内等でやむを得ない事情のため2人を手引きする場合は，左右の肘で行なう。それ以上のときは，手引きされている視覚障害者の内側の肘で，手引きをする方法が考えられる（図10-12）。

図10-12　2人以上の手引き

4 **視覚障害者誘導用ブロック**　視覚障害者誘導用ブロックは単独歩行時に利用するものであるため，手引きによる歩行中は，その視覚障害者が希望すれば別だが，視覚障害者誘導用ブロック上を視覚障害者が歩行するよう誘導する必要はない。

5 **トイレの利用**　外出先でのトイレの利用は，視覚障害者にとって困ることのひとつである。トイレに誘導し，その視覚障害者の希望に応じて，便器の位置，カギの開閉方法，利用する向き，トイレットペーパーの位置，水洗の方法，手洗いの位置等を説明する。視覚障害者が異性の場合は，差し支えがなければ，そのトイレを利用する同性の方に手引きを依頼するのもよい。

6 **物の位置の説明**　テーブルの上のコップや灰皿等の位置は，クロックポジションとよばれる時計の文字盤に置き換えた方法で説明する（図10-13）。これは，手前が6時，向こう側を12時とした文字盤を自分の前に置いたことを想定するもので，たとえば「3時の位置にコーヒーがあります」とか，「12時のところにコップがあります」と言う説明方法である。また，方向の説明では，文字盤の中央にその視覚障害者が位置した状態で，右斜め前の方向を「2時の方向に○○があります」と言

うことができる。この方法に不慣れな場合は，前後，左右等を使用して説明する。ただ，その際には，方向が曖昧にならないよう「あなたからみて右」というように確実に告げることが大切である。

図10-13　クロックポジション

⑦**飲食時の援助**　飲食を共にするときは，前述のクロックポジションの要領で，食器やお皿の中の食べ物の位置を説明する。また，了解を得て，視覚障害者の手をとって自分の食器に触れられるようにしたり，その視覚障害者が持っているお箸やフォークに手を添えて，お皿の中の食物の位置を説明することもできる。

⑧**靴や傘等の確認**　目的地によっては，スリッパに履き替えたりと靴を脱ぐ場所がある。視覚障害者によっては，自分の靴に目じるしをつけたりして区別をしている場合があるが，その視覚障害者の靴を他者のものと間違えないように確認をする。その他，傘，コート，マフラー，帽子等も同様である。

第11章　疑似障害体験

1．疑似障害体験について
1）疑似障害体験の現状
　視覚障害の疑似体験は，障害理解の一環として有意義なものである（Carroll, 1961）。これは，視覚障害の理解，社会への啓発，バリアフリーの検討といった目的で次のような体験が行なわれる。
　①手引きによる歩行などの歩行による体験
　②点字の読み書きなどのコミュニケーションによる体験
　③飲食などの日常生活動作による体験
　その他，アイマスクによる全盲の体験だけでなく，シミュレーションレンズによる弱視（ロービジョン）や，盲ろうの体験も実施されている。中でも歩行（手引き）による体験は，視覚障害を多角的に体験できる意義深いものであるため各地の市民講座や学校等でよく取り上げられる。
　しかし，歩行による疑似障害体験には，その目的，方法において不適切，不十分なものが散見し，体験者に視覚障害についての誤ったイメージを持たれていることが多数指摘されており（中野・福島, 2004；芝田, 2007, 2012；徳田・水野, 2005），これは大きな問題である。

2）アイマスクによる体験と視覚障害の相違点
　アイマスクによる視覚の遮蔽は，実際の視覚障害とは相違している（芝田, 2012）。以下はその相違点である。
　①一般的に言って視覚経験のある環境下での体験である。そのため，視覚的イメージに影響を受けたり，それに左右されることがある。
　②相当厚く重ねて目を遮蔽しても太陽光線による光の遮断は困難である。したがって，真の意味での全盲状態の経験は難しい。
　③アイマスクをすることによって目の部分が覆われてしまい，顔面の皮膚感覚のすべてで熱や風を感じる経験が制限される。

④限定された時間内での体験であり，その障害での生活を余儀なくされる視覚障害者と比較した場合，心理的，心情的な意味で実際の障害とは異質のものである。

とくに，体験者が体験前の視覚的な記憶や体験時の視覚的イメージを強く意識することは疑似障害体験にとってマイナスとなるため留意しておきたい。

2．歩行（手引き）の疑似障害体験と不安・恐怖

　一般に，疑似障害体験では，遂行時間に比例してその目的の達成度は向上する傾向にあるが，歩行（手引き）の疑似障害体験は必ずしもそうではない。なぜなら，この疑似障害体験には，「不安，恐怖」が随伴するからである。人は視覚によって移動における安全性の確保と危険性の回避を行なうため，突然の視覚遮蔽によって多くの体験者は体験開始と同時に「不安，恐怖」を感じることになる。したがって，この不安感・恐怖感を低減させる時間をまず確保しなければ，「不安だった」「怖かった」という印象だけが強く残存することになり，本来の疑似障害体験の目的が達成されないばかりか視覚障害に対して大きな誤解を生起させることになる。歩行（手引き）の疑似障害体験は，この不安・恐怖感が低減してから始まる。最初の不安感・恐怖感を低減させるための時間を確保せず，すぐに階段昇降などを行なう場合がみられるが，視覚を遮蔽しての階段昇降は強く不安感・恐怖感を感じる課題である。こういう体験を行なった者からは，「視覚障害者は不安・恐怖を日々感じて生活している」といった誤った障害者観が導き出されることから，実施すべきではない。

　不安感・恐怖感をある程度低減させるためには，まず段差等のない，安心して歩行できる路面から開始するのだが，筆者の疑似障害体験の実施・指導の経験から，その所要時間は一般的に30〜40分程度であり，類似の結果も報告されている（小野・徳田，2005）。ただ，これには個人差があり，15〜20分程度で不安感・恐怖感が十分低減する場合もある。また，年齢的には，40歳代以上が10〜20歳代よりは低減に時間を要するようである。ただ，この体験で完全に不安感・恐怖感の解消を期待することは容易ではないため，体験者に疑似障害体験の目的達成のための自己観察等が可能となるような心理的余裕が生まれれば十分と考えるのが妥当である。

　この不安感・恐怖感は，これらの個人という要因だけではなく，疑似障害体験を行なう歩行環境や歩行状況にも影響を受ける。たとえば，段差がない，交通量が少ない，環境に対して既知であるといった歩行環境，比較的ゆっくりとした歩行速

度，知人・友人といった相対的に信頼できる手引き者がいる等の歩行状況のように安心感を得やすい環境・状況に配慮することによって不安感・恐怖感の低減は15～20分程度でみられることがある。しかし，かなり低減された後であっても，階段昇降，電車乗降等の一般的に危険性を感じる課題の実施においては，新たに不安感・恐怖感が生起することが体験者の言動から判断されることもあるので留意しておく（芝田，2007）。これは，体験内容の難易度の相違が体験者の不安感・恐怖感の低減に影響を与えているとする研究（小野・徳田，2006）によっても確認される。したがって，視覚障害の歩行（手引き）の疑似体験においては，不安感・恐怖感に対する配慮・留意は常時，必要と考えておかなければならない。

なお，同じ視覚障害の疑似体験でも，コミュニケーションや日常生活動作に関するものや座する等静止状態で実施される場合は，歩行ほど不安感・恐怖感を考慮に入れる必要性はないため，それらを低減させるための時間は不要であることが多い。

3．疑似障害体験の目的

疑似障害体験の目的が体験者にしっかり把握されて行なわれることが大切である（芝田，2012）。

1）一般的な疑似障害体験の目的

一般に，疑似障害体験は，障害者の活動・参加（ICF）における不便性・困難性というネガティブな側面を理解するという目的から，それを強調するような体験内容となりがちである。しかしこれでは，不便性・困難性の理解が促進されないばかりか，逆に誤ったイメージとして理解される危険性をはらんでいる。疑似障害体験は，不便性・困難性の理解だけでは不十分で，看過されがちなそれらを克服できる可能性というポジティブな側面の理解も目的としなければならない。

ところで，疑似障害体験というと障害者の心理的，心情的な理解，つまり「障害者の気持ち」の理解ととらえられがちだが，前述したように，それは，限定された時間内での体験で理解できるものではないため目的とはならない。

2）視覚障害の歩行（手引き）による疑似体験の目的

視覚障害の歩行（手引き）による疑似体験は，手引きによる体験と手引き方法の習得が目的である。

1 手引きによる体験　以下について体験をとおして自己観察し，視覚障害の理解の一助とすることが目的である。

①視覚を遮蔽した状態での感覚・知覚：視覚を遮蔽した状態での感覚・知覚，つまり，聴覚，皮膚感覚（触覚），嗅覚，運動感覚，平衡感覚が晴眼時とどのように相違して感じられるか。たとえば，走行車音・人の話し声（音源定位：聴覚），屋外と屋内の相違（エコー定位：聴覚），視覚障害者誘導用ブロック・路面の状態（足底の皮膚感覚），風・太陽の熱（身体の皮膚感覚），飲食店・商店のにおい（嗅覚），坂道・右左折（運動感覚），身体的バランス（平衡感覚）等である。

②不安感・恐怖感，その他の心情：アイマスクをした当初より時間が経過するにつれて不安感・恐怖感はどう変化・低減するか，さらに，不安感・恐怖感が低減した後でもどのような環境や状況で不安・恐怖が感じられるか。その他，どういうことを心情的に感じるか。

③行動等における困難性：どのような環境や状況で行動等に困難性を感じるか。

④環境認知，地図的操作：感覚・知覚的情報からどのように環境認知ができ，地図的操作が行なえるか。

⑤白杖等による単独歩行に対する可能性：白杖操作は実施する必要はないが，上記の環境認知や地図的操作を経験することで，これに，適切な白杖操作，援助依頼などが付加されれば，単独での歩行の可能性が感じられるか。

②**手引き方法の習得**　手引きによる歩行を体験することで，視覚障害者の手引きのあり方，手引きの方法を習得することが目的となる。

4．手引きによる疑似障害体験の方法・留意点

手引きによる疑似体験の方法および留意点の概要を述べる（芝田，2012）。

1）体験の方法

①2人1組：体験者と手引き者の2人で1組となり，1人（M）がアイマスクをして体験者となり，もう一方（N）が手引き者となる。一定時間後にMとNは交代する。その間，指示があるまでアイマスクははずさないようにする。

②アイマスク：アイマスクをしている間は閉眼状態とする。その理由は，アイマスクに直接接することで角膜に対するなんらかの損傷を防ぐこと，より全盲状態（暗い状態）に近いものにすることの2点である。そのため，顔面の発汗への対応も含めてアイマスクと目との間に薄いタオルかハンカチを挿入しておくとよい。

③事前の解説：体験の目的，アイマスクによる体験と視覚障害の相違点，手引き

の4つの条件と種類（第9章参照），手引きによる歩行（基本の形態と狭い所の通過，第10章参照）の方法，体験の進め方などを解説する。

④事後の解説：体験の目的など体験内容の確認や補足，体験者と手引き者の気づきについての解説と討議，関連する内容に関する講義を行ない，体験の意義を深める。さらに，障害理解，障害者への共感，援助の方法といった点に関する講義や討議を行なう。そのとき，障害者の活動制限や参加制約といった不便性・困難性に続けて，教育・リハビリテーションによって獲得される能力的な可能性を話題にすることが大切である。

2）体験の留意事項

①対象人数：指導者1名につき10～14組，体験者総数20～28名程度が望ましい。疑似障害体験に習熟している専門の指導者であれば，指導者1名で20～25組，40～50名程度の実施は可能である。

②対象年齢：疑似障害体験の目標と目的を確実に理解して体験に臨むことが大切であるため，対象となる年齢は小学校5年生以上，もしくは中学生以上が望ましい。障害理解は，疑似障害体験以外からも進められるため，時期的に尚早である小学校5年生より低い学年に対しては，講義や講話などが効果的である（芝田，2013）。成長後に疑似障害体験の実施で関連する理解は十分可能となる。

③実施環境と歩行ルート：前もって体験に適した環境と歩行ルートを選択，設定しておく。

④実施時間：体験の基礎だけで60分程度が必要である。

⑤体験内容：疑似障害体験の目的によっては，基本の形態と狭い所の通過に続いて溝等のまたぎ方，1段の段差の上り下り，階段昇降等を実施するとよい（第10章参照）。

3）その他の留意点

1 白杖による体験　白杖による歩行の疑似障害体験は，手引きとは異なった不安感・恐怖感があること，その習得には手引きよりも長時間を要すること，手引きだけで疑似障害体験の目的は十分達成可能であることから，あえて実施する必要はない。ただ，視覚障害者の白杖による歩行に対する現状と支援方法についての理解を深めるための講義，指導者等によるデモンストレーション，アイマスク無装着での白杖操作体験等は有意義である。

2 弱視状態の歩行の体験　弱視状態の歩行の体験では，その視力，視野の程度にも

依存するが,とくに,より重度の視覚障害の疑似体験の場合,アイマスクと同様,まず最初に手引きによって不安感・恐怖感を低減させるという配慮が必要である。アイマスクよりは視覚が使えるという判断から,体験者の不安感・恐怖感を看過することがみられるが,この点を安易に考えないようにしたい。

第12章　障害理解と社会

　本章では，視覚障害だけでなく，全障害を対象とする障害理解，および障害と社会の関係について論じる。なお，障害理解は，障害受容（第3章参照）と混同されやすいため，意味的に異なった用語であることをはじめに認識しておきたい。

1．社会と障害者
1）活動・参加と社会
　活動・参加（ICF）は社会との結びつきが強く，それに大きく影響を受ける。
①活動制限と参加制約　社会との関係からみた障害者の活動制限は，大多数の人間において一般的であり，普通とされる方法，速度，習慣のカテゴリーからみて，さまざまな程度・段階での活動が制限されることといえる。一方，参加制約は，その個人の活動能力，年齢，性別，社会的習慣等の条件において権利や可能とされる役割等の限定・制限により参加が制約されることといえる。つまり，ここでいう社会とは大多数のことであり，その考え方の幅を広げ，障害理解を高めれば，障害者の活動や参加が可能となる対象は少なくないことが示唆される。
②活動制限・参加制約と社会　教育・リハビリテーションは，活動制限・参加制約を減衰させ，活動能力の向上，家族・社会への参加を可能とすることに主眼が置かれるものと規定できる。したがって，教育・リハビリテーションは，障害者個人と学校・施設等によって推進されるだけでなく，参加する対象であるハード・ソフトを含む社会自体もその一翼を担っていることになる。つまり，参加制約の低減・解消（社会の障害理解の向上）が活動制限の低減・解消（障害者の活動能力の向上）につながるのである。そのため，社会の担う部分は非常に重要である。

2）障害者に対する社会の誤解
　社会は，障害者に対して不十分な理解を含む誤解や先入観をいだく傾向にある（第1章参照）。ここでは障害者全体に対する誤解の主なものを以下に示すが（芝田，2010），これは教育・リハビリテーション等専門領域でもみられるものである。

①健常者とは平等,対等の存在でなく,社会的に下位の存在である。→健常者と平等,対等の存在である。
②健常者の身近ではなく,遠く離れた存在である。→そうではない。
③人格的に暗い感じで,能力的に高くない。→そうとは限らない。
④憐憫,同情,思いやりの対象で気の毒な人である。→そうとは限らない。
⑤常時援助が必要である。→援助を必要とする時はあるが,常時必要なのではない(後述)。
⑥発達障害は保護者の養育に問題がある。→保護者の養育が原因ではない。
⑦障害児が生まれたのは因果応報(「親の因果が子に報い…」)である。→因果応報は自業自得という意味であり,さらに障害と関係はない(後述)。

3) 障害者に対する意識と態度

1 社会の意識と態度 社会の障害者に対する意識と態度は,その心情性(理性的で他者尊重的か,感情的で自己中心的か)と関心性(関心があり受容的か,無関心で非受容的か)の程度によって次のように4領域に区分して類別できる(図12-1)。このうち,自己中心的とは自分勝手という意味だけでなく,他者のことを思っているが,その思いが自己中心的という意味も含まれる。

①A領域(関心があり理性的):人権・主体性・自立性の尊重,共感
②B領域(関心があるが感情的):過保護,過干渉,同情,哀れみ,上から目線,押しつけ

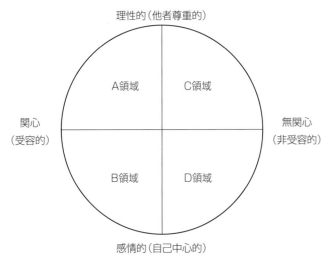

図12-1 障害者に対する社会意識と態度

③C領域（無関心だが理性的）：不干渉，無視
④D領域（無関心で感情的）：人権無視，差別，人権侵害

このように，障害者に関心があり，受容的であっても，そこには，AとBという2つの領域が存在する。求められるのは共感的姿勢を基礎としたA領域であるが，問題なのは障害者に対して無関心であれば最悪のD領域になるというB領域で，障害者からはこのB領域の人たちの意識と態度に閉口，困惑し，接触を回避したいという意見も聞かれる。B領域の態度は，障害者に対する過保護・同情といった「知性に欠けた関心」（小島，1978，Pp.174）であり，障害者の人権・主体性・自立性等を尊重せず，受容的に見えていても結果的に障害者の権利剥奪につながるものである。

教育・リハビリテーション・福祉・医療・研究関係の教職員，ボランティア，障害者（他の障害者に対する場合），保護者・家族（下記）等は障害者に関心のある領域（A，B）の人たちであるが，B領域の意識と態度がみえるときがある。中には気づかないで無意識にB領域的な意識と態度を表わす場合もある。障害者に対して常にA領域の意識と態度を保持し，それが維持できるように努めたい。

2 保護者・家族の意識と態度　障害者の保護者・家族にもB領域的な意識と態度は存在する。たとえば，それは，障害児の親が障害児を生んだことに対する罪悪感，養育における過保護性によって，障害児からその自発性，自立性，社会性を遠ざけ，結果としてその心身の適切な発達を阻害することがある。あるいは，逆に，障害児に対して過剰な要求をすることによって同様の結果を招来させることもある。

このようなB領域は総合すると以下のような意識・態度となる。
①障害者は同情と介護の対象である。
②障害者は気の毒な存在で，健常者が保護しなければならない。
③結果として，障害者の能力を認めず，その自立を阻害する。
④結果として，障害者を一個の人間と認めず，特別扱いをする。
⑤結果として，障害者の人権を剥奪・軽視する。

ICFの参加には家族も含められているが，それは保護者・家族の障害理解が必ずしも十分とはいえない現実があるからである。たとえば「私の親は最大の愛情を示してくれる反面，最大の偏見者です」というある障害者の声がある。B領域的な意識と態度を含め，保護者・家族への啓発や必要な指導・支援は非常に大切である。

4）日本社会の特性

　日本は，心づかい，心くばり，思いやり，気持ちを察するなど人間性の面で優れたところの多いレベルの高い国であるが，問題点・課題もある。小島（1978）は，東西文化圏の個人結合様式を対比して，欧米と比較して日本の社会集団構造では，障害者が個として認められにくい状態であると言及している。さらに，日本的社会の集団構造では，個の外側におかれた社会集団の規制力が強く，自己そのものの確立が弱いため障害者はしばしば健全な個の付帯的存在として括弧つきで扱われるが，欧米では個に対する外的規制力が弱いため障害者自身は独立した個として社会に組み入れられる傾向があるとしている。

　日本の社会集団と対人関係においては，本人・家族は，図12-2の上段の既知の人たちと集団を形成し，互助の関係にある反面，非常に気を遣い，集団を尊重する傾向にある（芝田，2000）。そのため，集団によれば，個人の形態（容貌，容姿等）や能力等において劣等的と判断される面や一般常識とは相違した個性的な面を秘匿しようとすることもみられる。これは露見するとそれが噂や中傷となり，精神的に苦しむことになるからである。また，先述の個人結合様式でいえば，障害者を付帯的存在として扱う社会集団とはこの既知の人たちとの集団をさしており，この人たちが俗にいう「世間」であることが多い。それに反して，下段の未知の人たちに対しては，特別な気遣いは不要のことが多く，場合によれば，倫理感やマナーに欠け，個人的かつ身勝手な行動をとることもある。他人とは，単に「未知の人」であるはずだが，初めから「疑わしく信用のできない人」というように認識されることもある。

図12-2　日本の社会集団と対人関係

　このように，上段と下段の差異が大きいのがわが国の社会集団の特徴である。このため考えや意見は，集団としてのものが尊重される。結果的に個人の考えや意見は軽視，あるいは無視され，表明することすらためらわれる。この背景には，集団内を重要視する心理的に構成されたウチとソトという枠組みや，ヨコよりもタテの関係を重視する傾向がみえる（中根，1967）。

さらに、図12-2の下段では、対公共的な場合も含まれ、義務や責任を伴わない、あるいは果たさないにもかかわらず権利の主張だけが堂々と行なわれることがある。近年、とみにこの傾向はめだち、目にあまるものがあることから、教育基本法には「公共精神の尊重」が謳われている。

その他の日本社会の特性には、次のようなものがあるといわれる。
① 同情と共感：障害者に接する際の心情に同情と共感がある。これらは基本的には相違しており、自己中心的で感情的な同情より、障害者の立場を尊重したうえでの理性的な共感が求められる姿勢である。しかしながら、日本社会は同情を好む傾向にある。また、しばしば「共感する」と単なる「同意する」を同義で用いられることがあるが、ここでいう共感とはもっと心理的に深遠なものをさしている（第3章参照）。
② 恥：日本社会は「恥の文化」といわれ、恥をかきたくないという心情が強いというのが特徴である（鑪, 1998）。
③ 甘え：「甘え」が日本人の精神の根底にあるとされている（土居, 1966）。
④ 個人における形態（容貌・容姿）の重視：形態が大多数から乖離していると、それが差別やいじめの対象とされる。
⑤ 都鄙の格差：文化、言葉（方言）等において、都会と地方とよばれる地域に格差がある。

5）歴史的にみた障害者

1 因果応報 因果応報を「親の因果が子に報い…」というように取り違えられ、誤って理解されているのが現状である。本来の意味は自業自得ということで、親や先祖とは無関係の考えである。

2 信心（信仰）の不足 障害者になったり、障害児が生まれたことと、タタリ（怨霊信仰）・信心の不足が社会によって安易に関係づけられ、誤った意味での因果応報とされてしまうことがある。

3 穢れと清め 歴史的に穢れとは、死体や血、皮に関するものやことであり、さらに、病人、犯罪者、そして障害者等も穢れの対象とされた。その思想から、平安時代の武士（軍・警察）は令外官（蔵人、検非違使）、つまり、律令（法律）の中には位置づけられないものとされ、さらに、江戸時代の与力、同心は不浄役人とよばれた。現在でも葬儀（死者）の後や不運（厄、疫）に会ったとき等は、穢れているとされ、塩、水等で清めるのである。

4 河原者 中世以降、平安京の六条河原等で処刑の準備や処刑された死体、疫病や

天災による死体の処理をした穢れた仕事をさせられた人たちは，河原者とよばれ，非人ともいわれた。江戸時代は芸能者をもさした。彼らは，四条河原や清水坂（清水寺前）に住んだりしたのであるが，この河原に障害者，物乞い，ハンセン氏病患者等が集まったり，集められたりして，同様に扱われた。

2．障害の意味と考え方

障害理解は児童生徒に対する場合は教育といい，一方，社会に対する場合は社会啓発という。これらの教育や社会啓発を進めるために，その対象となる障害の意味と考え方を考察する（芝田，2010）。

1）障害と感情・理性：感情健常論

人の心理には，大別して感情の部分と理性の部分がある。感情（情緒）に含まれるのは喜怒哀楽，自信，不安などで，理性（知的理解）に含まれるのは認知（感覚・知覚），概念，言語，記憶，学習，社会性，思考などである。障害者に障害が認められるのは理性の部分であって，感情の部分に障害は見いだしにくい。障害者は，感情の部分においては健常者と変わらず，健常であると判断され，これを感情健常論という（芝田，2010）。なお，「健常」とは「正常」をいうのでなく，健常者も障害者もその感覚は同様に「健常」であり，個人差はあって多様である。

2）障害と欠陥・健常

障害とは，何らかの不自由さを意味するが，それが拡大解釈されて障害者は欠陥者ととらえられがちである。ところが，すべての人はなんらかの欠陥を有しており，欠陥のない人はいない。たとえば，肩こり，腰痛，虫歯，近視，アレルギー，あるいは，不安，ストレスなどは心身における欠陥である。また，高慢，尊大，自己中心，マナー違反，規則違反，虚言，愚弄，偏見，人権無視，差別，いじめ，ネグレクト，虐待，虚偽，詐欺，不正，ハラスメントなどや，その他の反社会的，犯罪的な言動は精神的成長の未熟な人格的な欠陥である。人にはなんらかの欠陥があり，この意味においてすべての人が欠陥者といえる。障害と欠陥には関連性がない。

なお，健常者という用語は，社会，教育，法律等において障害者と区別するために使用されており，不適切なものとはいいきれない。しかし，心情的な意味でいえば障害者も健常者であり，さらに，障害者は不完全さ，不十分さの程度の大きい健常者と考えることができる。

3）障害と表記

現在，社会，教育，法律等において「障害」という表記が使用されている。これ

については，漢字の意味が不適切という意見がある。とくに，「害」は本来の意味からすると望ましいものではなく，不自由をもつ人たちをさす用語としては適切性を欠いていると言わざるを得ない。ただし，より適切な表記の検討は大切であるが，根底として重要なのはその用語使用における心情である。適切な表現であっても，そこに差別的偏見的な心情が見え隠れするようでは意味がない。こういう意見は多くの障害者から聞かれる。障害理解教育や社会啓発では，「障がい」や「障碍」の表記の紹介や推奨もさることながら，まず，障害者に対する心情がコアとされることが必要である。教育（児童生徒への指導）はニュートラルであるべきという判断から，法律の表記が改変されるまでは「障害」を使用しつつ，その意味や上記の状況や意見は指導しておくのが適切であろう。

ところで，英語の表記では，障害者を disabled people というよりは，people with disability と表現される。これは，disabled よりも people が前面に出ることが重要な点で，まず人であることが強調されており，これをピープル・ファースト（people first）という。

4）障害の相対性

視覚が優位なヒトにとって視覚障害は重大な障害であるが，それを例にした障害の意味を取り上げる。視野に異常がなく，1.0の視力があれば視覚障害ではなく，晴眼者（健常者）である。しかし，それは日本においては首肯できるが，海外では必ずしもそうとはいえない。たとえば，モンゴルでは視力5.0，モーケン族（東南アジア）では視力9.0，マサイ族（アフリカ）では視力8.0が常態といわれている。これらの民族の中において視力1.0は大きな活動制限と参加制約となり，必ずしも健常とはいえない。障害か健常かの判断は相対的なものである。

5）障害者の事例からみる障害

① 障害と幸・不幸　多くの障害者から聞かれる声に「障害は不自由であるが，不幸ではない」がある。ただし，「障害は不自由であるし，不幸でもある」「障害者すべてががんばれるわけではない」など障害を美談的，英雄的，清貧的にとらえすぎないでほしいという障害者の声があることは心得ておきたい。

② 障害と特徴・個性　障害をひとつの特徴，あるいは個性とする考えがある。人には必ず特徴や個性があり，それが個人差と多様性につながる。障害をこのように考えれば，それは個人差や多様性の範囲と認識でき，障害が特別なものではないことがわかる。

③ 障害と能力　障害ではなく能力に目を向けるという障害の考え方で，具体的に

は，障害によって何を失ったのかと後退的にとらえず，障害があってもまだ何を保有しているのかと，前向きにとらえ，その力を生かそうとする考え方である。

④**障害者による障害のとらえ方**　「自分にはちょっと不足した部分があるだけだ。私のようにこれまで2本の腕でアメリカを横断した人はいない」（肢体不自由者，ウィーランドら，2001），「障害者は疾病や傷害に打ち勝ち生存している勝者である」（高次脳機能障害者，山田，2004），「助け合いができる社会が崩壊したと言われるが，血の通った社会を再び構築しうる救世主となるのが，もしかすると障害者なのかもしれない」（肢体不自由者，乙武，1998）といった障害者による障害のとらえ方がある。

3．障害者の理解に必要な考え方

社会が障害者を理解し，受容するためには，社会は相互共存であるということ，障害者を理解する以前にまず人間を理解すること，そして，障害者を客観的理性的に理解することが必要である（芝田，2004）。これらは，障害理解教育や社会啓発の対象となるだけでなく，障害受容に際して障害者にも求められる考え方である。

1）社会について

①社会は，持ちつ持たれつで人の世話にならない人はいない。

　　相互にあてにし，あてにされる互恵性社会が望ましいあり方である。

②個々の違いを相互に尊重し，受容する。

　　個性の大切さをさす言葉として「オンリーワン」があるが，それにはまず社会，あるいは周囲による個性の尊重，個々の「オンリーワン」を受容する姿勢が不可欠である。

③障害者を受け入れられない社会自体が不適応・不健全な弱い社会である。

2）個人について

①人としての存在を尊重し，それに敬意を払う。

　　健常者は，障害者の立場を尊重し，障害者に手を貸す，助けるだけでなく，まず，その存在を認め，同等であると認識することが大切である。それは，障害者だけでなく，高齢者，子ども等，弱者とされる人たちに対しても同様で，また，好みではない人，理解できない人に対しても同様である。人間すべてに対してその存在を尊重し，敬意を払う姿勢がないと，障害者に対しても，真の意味でその人権を尊重することはできない。障害者を含む人間すべてに対する差別的な意識・行為（いじめ，家庭内暴力，ネグレクト等を含む）は論外であ

る。
② 習慣や常識にとらわれずにその人の考えや希望を受容する。
　　われわれは，無意識にその年齢，性別（ジェンダーを含む），職業，出自，障害，人種等にとらわれてその人の考えや希望，趣味等をこうあるべきだと決めつけてしまいがちである。個々の違いを相互に理解し，受容しなければならない。
③ 生きがいとは精神的なものであり，物質的なものではない。
④ 障害者は健常者と同等，対等で身近な存在である。
⑤ 障害は不自由であるが，不幸ではない。
⑥ 障害は恥ではない。
⑦ 補助具を使用する等の外観や体裁はその人の価値とは無関係である。
　　障害者をものめずらしく見つめるだけでも障害者を苦しめることになる。
⑧ 障害は因果応報ではない。

4．障害理解の理念と内容

　教育や社会啓発として実施する障害理解の理念，およびその内容にふれる。（芝田，2013）

1）人間理解と障害理解

　障害理解は，適切な人間理解を基礎としてすすめられるものである。この人間理解の基本は，障害児・者を含むあらゆる人に対する「個人の尊重」，つまり，個々の違いの相互容認である「個々の違いを認める」という人としての基本が理解されればその延長上で容易に理解できることを意味している。すなわち，障害理解とは，障害者を英雄的に過大に遇したり，障害者の要求をすべて肯定することを求めるものではなく，障害者は健常者と等しく長所・欠点のある人間であることの認識が前提である（小島，1978）。加えて，当然ながら，障害児・者にも個性があること，学習によって成長，発達できることの認識も前提とされる。

2）心情的な障害理解

　ノーマライゼーション，共生社会，障害理解に関する教育は定義を主体とした文言的な解説になりがちだが，それでは表面的でバーバリズム的な理解に終始し，真の意味での障害理解は進展しにくい。教育と社会啓発においては，障害者の事例を交え，障害者を一人の個人として尊重し，心情的にとらえられるような丁寧さが大切である（芝田，2010）。

3）教員の責務としての社会啓発（大切な個人的啓発）

　障害理解の教育や社会啓発を進めていくのは，関係する教員や指導者・支援者である。とくに，教員は，能力的にも数的にも社会啓発の第一人者である。したがって，教員の責務・業務は，対児童生徒への教育・指導だけではなく，対社会への啓発である。研修会等による集団的啓発も重要だが，まずは自分自身の家族，親戚，隣人，友人等に対する口コミ等，地道な個人的啓発が大切で，意義ある実践はこれが第一である（芝田，2010）。

4）継続的な教育と社会啓発

　教育や社会啓発によって障害理解を進めてもその効果・成果がすぐに表われるとは限らない。したがって，その教育と社会啓発は歩みを止めずに時間をかけた継続的な取り組みが大切である。

5）障害理解の主な内容

　教育や社会啓発として実施する障害理解の主要な内容は，先述した「障害の意味」，「障害者の理解に必要な考え方」に加えて以下がある。

1 **社会適応の考え方（相互適応）**　視覚障害では，教育・リハビリテーションの主体となる自立活動と生活訓練で社会適応訓練（生活的な適応も含む）が行なわれる（第4章参照）。これは，障害者が生活的社会的に適応するためのものではあるが，家族を含む社会も障害者を理解し，社会適応しやすいようにすることが必要である。したがって，障害者と社会が相互に適応する相互適応の姿勢が重要である。

2 **ありのままを受容**　社会の総合的な理解として，発達障害，知的障害等では，社会が障害者サイドの世界に入る努力が必要である。それは，障害者がありのままで幸福に生きていけるような対応を原則とすることが望まれる。

3 **障害者の社会貢献**

　①就労：障害者は就労することで健常者と同様，社会に貢献している。

　②生理学・医学・工学・心理学・教育学：障害や疾病に対する治療などが主目的ではあるが，それが結果として多くの研究を推進させている。

　③QOL：障害者が，常識では可能とは思われない行為を成し遂げるという事例は枚挙にいとまがないが，これらは社会に大きな感動，勇気，希望等を与えている。

4 **その他**

　①障害理解は，障害者への思いやりや同情を求めるものではない。

　②同情と共感は異なる（第3章参照）。

③障害者の実態を認識するだけでは障害理解とはいえない。
④障害者自身が「一般的な障害」を適切に理解しているとはいえない場合がある。

5. 障害理解教育の進め方

上記の「障害理解の理念と内容」を主軸とし，ここに付加する児童生徒への障害理解教育の進め方，取り組み方，留意事項等について述べる（芝田，2013）。

1）健常児と障害理解教育

障害理解教育は，定型発達の健常児に障害児・者への理解を説いていくものであるが，同時に健常児への人間理解も説いていくものである。時に，障害理解が障害児・者への理解と援助を強要するなど，結果的に健常児に必要以上の無理な自己犠牲を要求してしまう指導事例がみられるが，これは障害理解の目標から大きく乖離するものであり，適切ではない。健常児も発達途上であること，その健全な発達が推進されなければならないことがまず主眼とされ，その上で障害理解教育を実施したい。

2）障害に関する知識と理解

障害理解教育を担当する教員には，広範囲な障害と障害者および援助のあり方と方法に関する知識と理解が必要である。ところで，河合（2004，Pp.55-57）は，幼稚園で絵本を読みたいと言えず，教員の言うままみんなと一緒に遊ばされた子どもの事例を紹介し，教員も保護者も子どもはいつも「明るく元気に」していなくてはならないと考える「明るく元気に」病のおかげで，悲しい目や苦しい目にあった子どもは多いのではないかと指摘している。教員が理想とする子ども像を押しつけたり，子どものあり方を画一化しないことが基本として求められる。

3）共に考えるという姿勢

総合して，教員はニュートラルな立場でなければならないため事実や現状を主体とし，児童生徒と共に考えていくという姿勢を大切にする。

4）教員への研修

障害理解教育は，それを実施する一部の教員だけでなく，校長，教頭を含むその他の校内の全教員が適正に人間理解，そして障害理解を進めることが前提で，これは道徳教育と同様である。したがって，全教員に対する人間理解，障害理解に関する基礎的，および応用的な研修が継続的に行なわれる必要がある。

5）学校生活全体で実施

障害理解教育担当の教員だけでなく，全教員にすべての教育活動を含む学校生活全体において障害や障害児・者に関連した事項が表われてきたとき，人間理解をベースとした姿勢でかかわり，必要があれば指導するという意識が欠かせない。

6）評価

障害理解教育や社会啓発では，その効果を客観的に評価・判断することには限界がある。授業後に感想文を書かせることがあるが，そこに児童生徒の「本音」が記されているとは限らず，かえって「たてまえ」だけを求めることになりかねない。つまり，現実的に障害理解教育に関する評価は容易ではないため，教員によって児童生徒の日常的な言動から判断するなど，評価の必要性と方法の検討が大切である。

7）道徳等の授業との連携・協力

人間理解に関する内容はこれら道徳，総合的な学習の時間，特別活動等の授業に定められている内容と連携・協力して進められるものである。

8）保護者・家族への啓発

障害理解に関する授業を実施後，同内容に関して適切に保護者・家族への啓発を行なうことが大事である。

9）授業におけるうなずき・気づき・ひらめき

障害理解教育は，児童生徒に下記のような①うなずき，②気づき，③ひらめきの3段階を順次求めていくことがその主要な構成で，授業ではこの3段階を目標に児童生徒と共に考え，話し合うことが基本である。

①第1段階：うなずき：「障害」に関する講義と丁寧な解説（導入）。
②第2段階：気づき：講義に関する話し合い（児童生徒の意見）。
③第3段階：ひらめき：類似の事例，自身の経験などに関する話し合い，グループ学習，模擬授業。なお，児童生徒による模擬授業（真城，2003，他）はグループ学習とセットでの実施でもよい。

10）その他の留意点

①子どもの感受性，認識力，社会性はかなり高いものがあり，軽視してはならない。
②年齢，学年（小，中，高）など児童生徒の発達段階に応じて適切な障害理解の内容を検討することが必要である。
③小学校低学年レベルでは人間理解を主とする。

④障害児のきょうだいへの配慮が看過されないようにする（白鳥ら，2010）。
⑤特別支援学校，特別支援学級等で障害児に対しても障害理解教育は必要である。

6．障害理解教育が取り扱う主なテーマ

取り扱うテーマの主なものについて論じる（芝田，2013）。教員は事前に以下のようなことがらに関する高い知識を習得しておかなければならないため，適宜専門家の助言・指導を得ることも必要である。

1）個人の尊厳と尊重

個人の尊厳と尊重という基本的な事項を取り上げ，差別，偏見，いじめなどがあってはならないというテーマへの端緒とする。前述の「障害の理解に必要な考え方」の基本は，互恵性社会，相互理解，相互適応，個人尊重，オンリーワンの受容（個性の尊重）などの人間理解である。これは，一人ひとりの違いの認識や，何かができる，できないは個人の優劣には影響されないといった認識等，日常生活的なものである。さらに，小学校高学年以上（中学，高校，大学，大学院）においては，ノーマライゼーション，自由・平等，共生社会，QOL，いきがい，人権・権利，義務・責任，自己決定の権利・能力なども対象としておきたい。

2）モラル・マナー・ルール

年齢，性別を問わず，モラル，マナー，そしてルールの低下が叫ばれて久しい（後述）。社会生活の基盤としてモラル，マナーは不可欠であり，人間理解にとって重要なものである。社会や各種の集団において，その構成員の中の年長者（社会では高齢者をはじめとする成人）がまず模範・手本を示すことが基本で，この意識を高めたい。また，モラル，マナーに関連することとして道路交通法による交通ルールは非常に大事である。道路交通法はすべての人が認識してはじめて意義のあるものとなるにもかかわらず，現状では十分周知されているとは言いがたい。学校教育において確実に指導しておきたい。

3）差別と偏見

差別，偏見，そして先入観，スティグマの問題点，その原因，そして，解消・是正や社会啓発のあり方，被差別者の心情などを取り上げる。このテーマはネガティブな障害観を是正するという意味で障害理解の基本であり，初歩である。

4）いじめ

いじめの意味，いじめにいたる原因や実態などがテーマとなる。いじめは，障害児もその被害者となることがあるが，いじめる側といじめられる側に質的に大きな

相違はなく，双方同じような行動傾向をもっていることが明らかになっており（佐藤・佐藤，2006），誰もが両方の立場になる可能性が示唆される。

5）その他のテーマ等
① 「社会と障害者」「障害の意味と考え方」「障害者の理解に必要な考え方」「障害理解の理念と内容」（前述）に関すること
② 援助のあり方，障害者への接し方（後述）
③ 障害者の補助具等
④ 疑似障害体験（第11章参照）：アイマスクや車いすを用意して実施すれば疑似障害体験が可能と軽く考えるのは危険である。前もって専門家の指導・助言を受けておきたい。
⑤ 障害児・者との交流：基本的に対象である障害児童生徒と健常児童生徒に人間理解，障害理解がしっかりとなされていることが前提である。さらに，事前に障害児と健常児が対等で，相互に打ち解けた心理的に良好な関係が構築されていなければならない。したがって，障害理解は障害児・者と交流すればそれだけで進むという単純なものではない。また，交流および共同学習は「学習」が目的で，障害理解のためだけに実施されるものではない。
⑥ 講演・見学における留意点：講演者や見学説明者に人間理解，障害理解の不十分さがあること，極端な個人的見解が含まれること，前述の社会の障害者に対する意識と態度におけるB領域的な態度がみられることといった場合があり，注意が必要である。

7．道路交通法と障害者

1）視覚障害者に関する道路交通法（条文は一部略）

１ 目が見えない者，幼児等の保護

第14条　目が見えない者（目が見えない者に準ずる者を含む。以下同じ）は，道路を通行するときは，政令で定めるつえを携え，又は政令で定める盲導犬を連れていなければならない。

2　目が見えない者以外の者（耳が聞こえない者及び政令で定める程度の身体の障害のある者を除く）は，政令で定めるつえを携え，又は政令で定める用具を付けた犬を連れて道路を通行してはならない。

この政令とは2）で示す道路交通法施行令をさす。

２ 運転者の遵守事項

第71条　車両等の運転者は次の各号に掲げる事項を守らなければならない。
2　目が見えない者が第14条第一項の規定に基づく政令で定めるつえを携え，若しくは同項の規定に基づく政令で定める盲導犬を連れて通行しているとき（略）は，一時停止し，又は徐行して，その通行又は歩行を妨げないようにすること。

2）白杖・盲導犬に関する道路交通法施行令

第8条　法第14条第1項及び第2項の政令で定めるつえは白色又は黄色のつえとする（引用者注：この法とは道路交通法をさす）。
2　法第14条第1項及び第2項の政令で定める盲導犬は，（略）社会福祉法人で国家公安委員会が指定したものが盲導犬として必要な訓練をした犬又は盲導犬として必要な訓練を受けていると認めた犬で，総理府令で定める白色又は黄色の用具を付けたものとする。
4　法第14条第2項の政令で定める程度の身体の障害は，道路の通行に著しい支障がある程度の肢体不自由，視覚障害，聴覚障害及び平衡機能障害とする。

3）アメリカの道路交通法と視覚障害者の活動制限

　アメリカの法律では，白杖，盲導犬を携帯（携行）した視覚障害者が，たとえ，赤信号で道路（交差点）を横断したとしても，運転者（車両等）は停止しなければならないとなっている。これは，視覚障害者の歩行において，たとえ高い活動能力を有していても信号の利用は非常に危険の伴うものであることが背景となっている（芝田，2011）。つまり，視覚障害者に対する障害理解というより，その活動制限に基づく条文である点が注目に値する。わが国は社会的，制度的に十分とはいえない中で視覚障害者の活動制限に対する理解を高めるため，下記の改善点とともにこの条文の導入は喫緊の課題である。

4）道路交通法の改善点

　道路交通法の問題点の第一は，社会に周知されていることが前提であるにもかかわらず，現状ではかならずしも徹底されていないということである（前掲）。したがって，そのための教育，社会啓発は急務である。第二はその内容で，以下は，視覚障害者に関連した道路交通法と関連する取り締まりの改善点である（芝田，2001）。

①第14条等，道路交通法では，「目が見えない者（目が見えない者に準ずる者を含む）」となっている。これを身体障害者福祉法の身体障害者障害程度等級と整合させて「身体障害者福祉法でいう視覚障害者」あるいは，「身体障害者障害程度等級〇級から〇級の者」等とする。

②道路交通法施行令第8条で，「政令で定めるつえは白色又は黄色のつえとする」とあるが，現状に則して白色のみとする．
③第71条で，「車両等の運転者は，一時停止し，又は徐行して」とあるが，視覚障害者にとって徐行では車音が聞こえないことがあり，かえって危険である．対象を一時停止だけとし，必要に応じて運転者は下車して視覚障害者を安全な場所まで手引き（誘導）をする．
④視覚障害者は，赤信号で横断をしてしまうことがないとはいえないので，運転者は青であっても第14条でいう杖を携帯し，あるいは盲導犬によって歩行している視覚障害者が赤で横断してきた場合は停止する．
⑤第12条で横断歩道で横断しなければならないとあるが，たとえば，南北道路の右側（東側）を北に歩行しているとき，交差点で横断する道路（東西道路）の左側（西側）だけにしか横断歩道がない場合，横断歩道を利用するために歩行している南北道路をまず左側（西側）へ横断しなければならない．この横断が危険となることがあるため，両側に横断歩道を設けるようにするか，「やむを得ない場合は横断歩道のない側を横断してもよい」とする．
⑥横断中の歩行者優先が守られず，無視をして通行する運転者（右左折車）がみられるため，取り締まりと罰則を強化する．
⑦視覚障害者にとっては，自転車の無理な通行が危険な事態（たとえば，視覚障害者が転倒する，視覚障害者の白杖が折れたり曲がったりする等）をまねいているのでそういう面で取り締まりと罰則を強化する．
⑧健常の歩行者は，白杖に対して無関心に歩行し，視覚障害者の白杖に足を引っかけたり，蹴飛ばしたりする人もいる．その結果，白杖が折れたり曲がったりするので注意を喚起する．
⑨夜間のヘッドライトを不必要にハイビームにしている車両（運転者）がめだつ．対向車だけでなく，弱視者にとっても視覚の状態によってはまぶしく，危険であるため取り締まりと罰則を強化する．

8．社会に求められる理解とマナー
1）道路における現状
　一般に，道路上の障害物，自転車，大型トラックの駐車は非常に迷惑である．走行しているものでは，自動車・トラック等も危険であるが，無理な運転をして，視覚障害者の横をすり抜けたり，歩行している視覚障害者の前をいきなりに横切った

■8．社会に求められる理解とマナー

りする自転車やバイクはより危険性が高い。とくに，自転車による事故は多く，筆者も自身が負傷したり，白杖を損傷したという報告を多くの視覚障害者から受けている。また，現在，歩道は障害物や駐車があり，非常に歩きにくい現実がある。状況によれば，歩道の危険性がかえって高く，歩車道の区別のない道路のほうが安全な地域がみられる。

　この他，健常の歩行者が白杖で歩行している視覚障害者に気づかず，あるいは強引に前を横切ったため白杖を蹴飛ばす，破損させる，足を引っかけて自分が転倒する等の結果をまねくことがある。その健常の歩行者が白杖によって転倒し，視覚障害者が加害者とされて訴訟にまで発展したケースもあるので注意が必要である。また，道路上に商品を置かれると，それを視覚障害者が白杖で破損させてしまうことがあるので留意しておかなければならない。

2）信号・道路横断における現状

　信号が青であれば，運転者は左右の確認が不十分なまま交差点を横断することが多い。横断中の歩行者の優先という道路交通法を理解せずに，無理に右左折する車もある。一般に，視覚障害者は車音によって信号（音響信号でない場合）を判断しているため，判断ミスをすると大きな事故につながるのである。また，車の通行量が少ない交差点であれば，車音が聞き取りにくいため信号の判断がしにくく，ミスをする可能性が高くなる。したがって，信号があれば視覚障害者にとって有効であると無条件には断言できない。前述したように，アメリカの道路交通法の条文はわが国にも導入すべきである。

3）理解・マナーのまとめ

　道路交通法にも改善すべき点はあるが，社会に求められる理解・マナーをまとめると次のようになる。

　①視覚障害者の白杖に注意し，とくに，自転車，バイク，健常の歩行者はその歩行を妨げないよう，そして，白杖に当たらないようにする。

　②視覚障害者が道路横断をしているとき，運転者は道路交通法を遵守し，無理な右左折をしない等，より注意を払う（道路交通法第38条，通行の優先）。

　③青信号であっても視覚障害者に注意し，必要に応じて減速・停止をする。

　④道路交通法第71条では，運転者は視覚障害者に対して一時停止または徐行すると定められているが，それだけでなく，注意をし，不用意にクラクションを鳴らしたりせずに必要に応じて下車して手引き等の援助をする。

　⑤視覚障害者の歩行の妨げとなるような場所での広告板の常置・露店の出店は控

える（道路交通法第77条，道路の使用許可）。
⑥違法駐車，不法駐輪をしない。
⑦視覚障害者誘導用ブロックだけで視覚障害者の歩行（定位と移動）は十分であると考えず，必要に応じて援助をする。また，視覚障害者誘導用ブロック上に商品等の物を放置したり，駐車・駐輪をしない。

9．障害者の援助
1）援助の総合的なあり方
　障害者には援助が大切ではあるが，それが常時必要というわけではない。援助に際しては，要不要の別，そして内容・方法がその障害者によって異なるということを理解して臨みたい。具体的には，まず，障害者に対して援助が必要かどうかを尋ねることから開始する。援助が不要という回答であればあえて援助をする必要はない。歩行では熟知している地域を自信をもっている場合もある。したがって，不要な援助の押しつけや無理強いはかえって迷惑となる。援助の内容・方法は，障害者個人のニーズによって相違するからその障害者に尋ね，それに沿って援助を行なうという姿勢が望ましいあり方である。このあり方は，援助に限らず障害者と接していく際にも重要なポイントとなる。

2）視覚障害者の援助の状況
　社会は，肢体不自由等他の障害者に対しても同様であるが，「視覚障害者はいつでも援助を欲し，待っている。だから，断るはずがない」と考えがちである。学生および教師にも，また海外においても同様の態度や視覚障害者観が報告されている（Cutsforth，1951；河内，1990）。このような視覚障害者観から，社会は申し出た援助を視覚障害者に固辞されると戸惑いや不満を感じてしまう。その背景には「せっかく声をかけたのに」といった健常者の傲慢ともとれる意識的，無意識的な感情が見え隠れし，結果として「援助を申し出られたのだから，視覚障害者は受けるべきだ」といった援助の押しつけがなされたりする。
　そういう社会の態度を反映して，視覚障害者の中には，援助を申し出られたらたとえ不要であっても断らないという人がいる。その援助者の気分を損ねさせてしまうからというのが理由である。視覚障害者に余分な気遣いを与えるような状態では「援助」からは乖離したものと言わざるを得ない。その他，無言で視覚障害者の腕や持っている白杖を引っ張る・後ろから押す・ズボンのベルトを握る等によって誘導する，視覚障害者の意向を聞かずに方向を指示する・誘導する，身体をさわる，

「危ない」といきなり大声で叫ぶ等，人間性を傷つけるような誤った，あるいは危険な社会の対応がある。このような対応を受けた経験をもつ多くの視覚障害者は，社会の援助に感謝をしつつも援助の適切なあり方を示し，啓発している。

3）視覚障害者の援助のあり方

社会は視覚障害者に対してどのように接すればよいのか戸惑っているのが現状である。視覚障害者に対する援助の申し出は気軽に行ないたいが，声のかけ方は「お手伝いしましょうか」「手引きしましょうか」「ご一緒しましょうか」等が妥当であろう。「大丈夫ですか」「1人で歩けますか」という声のかけ方は，視覚障害者の歩行を危険なものだと決めつけているという印象を与えかねないことから適切とはいえない。援助を申し出る状況では，単独歩行をしている視覚障害者には，次にあげるような危険な場所や状況があり，適切な援助が求められる。

①転落の危険があるホームや下り階段
②視覚障害者は，歩行時，白杖を前下方に位置させることから上半身は防御されていないため，上半身が当たる危険性のある駐車している大型トラックの荷台・サイドミラー，歩道橋の裏側，看板等（図12-3，図12-4）

しかし，視覚障害者の中には，熟知している地域を自信をもって歩行している場合がある。迷っているようすでなく，自信をもって歩いているようであれば援助の必要はないであろう。一般的には，どういう状況であっても援助の意志があれば，既述したように不必要な場合もあることを念頭に置きながら，気軽な気持ちで視覚障害者に申し出ればよいであろう。歩行における援助には，手引き（第10章参照）と口頭による情報伝達がある。ルート，方向・方角，位置等の情報を口頭によって伝達する場合では，視覚障害者に道順や方向・方角を知らせるときに左，右，前，

図12-3　大型トラック

後，方角等を使い，「あっち」「こっち」といった指示語の使用や全盲者にその方向を指さしすることは控えたい。また，盲導犬を使用している視覚障害者には，直接盲導犬に声をかけたり，触れたりせず，その対応はユーザーである視覚障害者に尋ねることが大切である。

図12-4　歩道橋の裏側

引用・参考文献

第1章

Carroll, T. J. 1961 *Blindness : What it is, what it does and how to live with it*. Boston : Little, Brown and Company.
河内清彦 1990 学生および教師の視覚障害者観 文化書房博文社
国立特別支援教育総合研究所（編） 2007 ICF 及び ICF-CY の活用試みから実践へ──特別支援教育を中心に ジアース教育新社
国立特別支援教育総合研究所（編） 2013 ICF の活用 Part 3 学びのニーズに応える確かな実践のために ジアース教育新社
丸尾敏夫 2000 エッセンシャル眼科学第7版 医歯薬出版
丸尾敏夫（監） 川村 緑・原沢佳代子・深井小久子（編） 2004 視能矯正マニュアル〈改訂版〉 メディカル葵出版
Monbeck, M. E. 1973 *The meaning of blindness : Attitudes toward blindness and blind people*. Bloomington and London : Indiana University Press.
世界保健機関（WHO） 2002 ICF 国際生活機能分類──国際障害分類改定版 中央法規
芝田裕一 1986 視覚障害児の歩行のための基礎訓練・指導項目──単独歩行をめざして 視覚障害研究, **23**, 7-41.
芝田裕一 1988 テレビ・映画に見る視覚障害者雑感（編集後記） 視覚障害研究, **28**, 85-87.
芝田裕一 1996 巻頭言──視覚障害者のディスアビリティー 視覚障害リハビリテーション, **43**, 3-4.
芝田裕一 1997 巻頭言──視覚障害者のディスアビリティー（2） 視覚障害リハビリテーション, **46**, 3-4.
芝田裕一 2003 視覚障害者のリハビリテーションと生活訓練〈第2版〉──指導者養成用テキスト 日本ライトハウス（自費出版）
芝田裕一 2010 視覚障害児・者の歩行指導──特別支援教育からリハビリテーションまで 北大路書房
芝田裕一 2011 障害理解教育及び社会啓発のための障害に関する考察（2）──視覚障害児・者の活動能力と活動制限 兵庫教育大学研究紀要, **39**, 35-46.
芝田裕一 2014 視覚障害児・者の歩行訓練における課題（3）──障害者権利条約における orientation and mobility（定位と移動）と habilitation 兵庫教育大学研究紀要, **45**, 31-38.
上田 敏 1981 リハビリテーションの医学の位置づけ──リハビリテーションの理念とリハビリテーション医学の特質 医学のあゆみ, **116**, 241-253.
上田 敏 2006 ICF の理解と活用 きょうされん
簗島謙次・石田みさ子（編） 2000 ロービジョンケアマニュアル 南江堂

第2章

アメリカ教育学会（編） 2010 現代アメリカ教育ハンドブック 東信堂
浅野良一（編） 2009 学校における OJT の効果的な進め方 教育開発研究所
平田 厚 2002 増補知的障害者の自己決定権 エンパワメント研究所
石部元雄・柳本雄次 2008 特別支援教育──理解と推進のために 福村出版

芝田裕一　2001　生活訓練と心理リハビリテーション　あたらしい眼科, **18**（2）, 171-176.
芝田裕一　2010　視覚障害児・者の歩行指導──特別支援教育からリハビリテーションまで　北大路書房
芝田裕一　2012　視覚障害児・者の歩行訓練における課題（1）　兵庫教育大学研究紀要, **41**, 1-13.
芝田裕一　2013a　視覚障害児・者の歩行訓練における課題（2）　兵庫教育大学研究紀要, **42**, 11-21.
芝田裕一　2013b　人間理解を基礎とする障害理解教育のあり方　兵庫教育大学研究紀要, **43**, 25-36.
芝田裕一　2014　視覚障害児・者の歩行訓練における課題（3）──障害者権利条約における orientation and mobility（定位と移動）と habilitation　兵庫教育大学研究紀要, **45**, 31-38.
曽余田浩史・岡東壽隆（編）　2011　補訂版新ティーチングプロフェッション──教師を目指す人のための教職入門　明治図書
高橋流里子　2000　障害者の人権とリハビリテーション　中央法規
寺澤　盾　2008　英語の歴史──過去から未来への物語　中公新書
柘植雅義・渡部匡隆・二宮信一・納富恵子（編）　2014　はじめての特別支援教育〔改訂版〕──教職を目指す大学生のために　有斐閣
上田　敏　1983　リハビリテーションを考える──障害者の全人間的復権　青木書店
全国特別支援学級設置学校長協会　2012　「特別支援学級」と「通級による指導」ハンドブック　東洋館出版社

● 第3章

有光興記　2006　罪悪感, 羞恥心と共感性の関係　心理学研究, **77**（2）, 97-104.
Bandura, A.　1977　Self-efficacy: Toward a unifying theory of behavioral change. *Psychological Review*, **84**, 191-215.
Cholden, L. S.　1958　*A psychiatrist works with blindness*. New York: American Foundation for the Blind.
Cohn, N.　1961　Understanding the process of adjustment to disability. *Journal of Rehabilitation*, **27**, 16-18.
Dembo, T., Levinton, G. L., & Wright, B. A.　1956　Adjustment to misfortune: A problem of social-psychological rehabilitation. *Artificial Limb*, **3**, 4-62.
Drotar, D., Baskiewicz, A., Irvin, N., Kennell, J., & Klaus, M.　1975　The adaptation of parents to the birth of an infant with a congenital malformation: A hypothetical model. *Pediatrics*, **56**（5）, 710-717.
Feshbach, N. D.　1975　Empathy in children: Some theoretical and empirical considerations. *Counseling Psychologist*, **5**, 25-30.
Fink, S. L.　1967　Crisis and motivation: A theoretical model. *Archives Physical Medicine and Rehabilitation*, **48**, 592-597.
Grayson, M.　1951　Concept of "acceptance" in physical rehabilitation. *JAMA*, **145**, 893-896.
芳賀優子　1999　弱視OL奮戦記──私, まっすぐ歩いてます。　都市文化社
Hine, R. V.　1993　*Second sight*. Berkeley: The University of California Press.　山田和子（訳）1997　視力のない世界から帰ってきた　晶文社.
小川明浩　2007　視力3cmそれでも僕は東大に　グラフ社
本田哲三・南雲直二　1992　障害の「受容過程」について　総合リハビリテーション, **20**（3）, 195-200.
本田哲三・南雲直二・江端広樹・渡辺俊之　1994　障害受容の概念をめぐって　総合リハビリテーション, **22**（10）, 819-823.
ヒューマックス（編）　2001　ピア・カウンセリング入門　オーエス出版社
小林一弘　2003　視力0.06の世界──見えにくさのある眼で見るということ　ジアース教育新社

古牧節子　1986　リハビリテーション過程における心理的援助　総合リハビリテーション，**14**（9），719-723．
河野友信・若倉雅登（編）　2003　中途視覚障害者のストレスと心理臨床　銀海舎
Kübler-Ross, E.　1969　*On death and dying*. New York: Macmillan Company.　川口正吉（訳）　1971　死ぬ瞬間　読売新聞社
熊倉伸宏・矢野英雄（編）　2005　障害ある人の語り——インタビューによる「生きる」ことの研究　誠信書房
Lowenfeld, B.　1971　*Our blind children: Growing and learning with them*. 3rd ed. Springfield, Illinois: Charles C Thomas Publisher.
毎日新聞社　2006　特集第75回盲学校弁論大会　点字毎日活字版，**440**，6-18．（本紙の他の号を含む）
南雲直二　2002　社会受容——障害受容の本質　荘道社
南雲直二　2003　障害受容の相互作用論——自己受容を促進する方法としての社会受容　総合リハビリテーション，**31**（9），811-814．
夏堀　摂　2001　就学前期における自閉症児の母親の障害受容過程　特殊教育学研究，**39**(3)，11-22．
岡　茂・島崎けい子・望月米代　1996　中途障害者の障害受容における価値の転換——「自己」への気づきに視点を当てた共同作業所の取り組みから　総合リハビリテーション，**24**，12，1191-1194．
坂野雄二・前田基成（編）　2002　セルフ・エフィカシーの臨床心理学　北大路書房
佐藤泰正（編）　1988　視覚障害心理学　学芸図書
芝田裕一　2001　生活訓練と心理リハビリテーション　あたらしい眼科，**18**（2），171-176．
芝田裕一　2003　視覚障害者のリハビリテーションと生活訓練第2版——指導者養成用テキスト　日本ライトハウス（自費出版）
上田　敏　1980　障害の受容——その本質と初段階について　総合リハビリテーション，**8**（7），515-521．
上田幸彦　2004　中途視覚障害者のリハビリテーションにおける心理的変化　心理学研究，**75**（1），1-8．
Wright, B. A.　1960　*Physical disability: A psychological approach*. New York: Harper & Row.

第4章

安部信行・橋本典久・柾谷秀喜　2004　視覚障害者の歩行事故に関する全国調査　第13回視覚障害リハビリテーション研究発表大会論文集，56-59．
Cotzin, M., Southbury Training School, & Dallenbach, K. M.　1950 "Facial vision" the role of pitch and loudness in the perception of obstacles by the blind. *The American Journal of Psychology*, **63**, 485-515.
Cratty, B. J., & Sams, T. A.　1968　*The body-image of blind children*. New York: American Foundation for the Blind.
Diderot, D.　1749　*Letters sur les aveugles*.　吉村道夫・加藤美雄（訳）　1949　盲人書簡　岩波文庫
Eichorn, J., & Vigoroso, H.　1967　Orientation and mobility for pre-school blind children. *The International Journal for the Education of the Blind*, **17**, 48-50.
今田　寛・宮田　洋・賀集　寛（編）　2003　心理学の基礎〈三訂版〉　培風館
香川邦生・藤田和弘（編）　2000　自立活動の指導　教育出版
Klausmeier, H. J., Ghatala, E. S., & Frayer, D. A.　1974　*Conceptual learning and development*. New York: Academic Press.

Lindsay, P. H., & Norman, D. A. 1977 *Humann information processing an introduction to psychology*. 2nd ed. New York: Academic Press. 中溝幸夫・箱田裕司・近藤倫明（訳） 1983 情報処理心理学入門 I　感覚と知覚　サイエンス社

Michigan School for the Blind（Ed.） 1965 *Pre-cane mobility and orientation skills for the blind*: *Curriculum guide*. Lansing, Michigan: The Michigan School for the Blind. 芝田裕一（訳） 1991 視覚障害児の白杖使用前の歩行訓練――カリキュラムガイド　歩行訓練研究，**6**，42-71.

宮本茂雄（編）　1982　講座　障害児の発達と教育　第6巻　発達と指導Ⅳ　概念形成　学苑社

文部科学省　2009　特別支援学校学習指導要領解説　自立活動編

文部省　1984　視覚障害児の発達と学習　ぎょうせい

中村貴志・Rahardja, D.・中田英雄・谷村　裕　1990　全盲児の歩行姿勢の分析　日本特殊教育学会第28回大会発表論文集，18-19.

ピーターソン，C.（著）／宇野カオリ（訳）　2012　ポジティブ心理学入門――「よい生き方」を科学的に考える方法　春秋社

サリバン，A.（著）／遠山啓序・槇　恭子（訳）　1973　ヘレン・ケラーはどう教育されたか――サリバン先生の記録　明治図書

佐藤泰正（編）　1988　視覚障害心理学　学芸図書

佐藤泰正（編）　1991　視覚障害学入門　学芸図書

芝田裕一　1986　視覚障害児の歩行のための基礎訓練・指導項目――単独歩行をめざして　視覚障害研究，23，7-41.

芝田裕一　1987　就学前視覚障害児の歩行のための基礎知識の指導　視覚障害研究，**25**，6-51.

芝田裕一（編）　1994　視覚障害者の社会適応訓練〈第2版〉　日本ライトハウス

芝田裕一（編）　1996　視覚障害者の社会適応訓練〈第3版〉　日本ライトハウス

芝田裕一　2000　歩行養成30期・リハ養成7期（平成12年度）までの変遷と現状（1）　視覚障害リハビリテーション，**52**，31-76.

芝田裕一　2001　歩行養成30期・リハ養成7期（平成12年度）までの変遷と現状（2）　視覚障害リハビリテーション，**54**，5-46.

芝田裕一　2002a　歩行養成30期・リハ養成7期（平成12年度）までの変遷と現状（3）　視覚障害リハビリテーション，**55**，5-45.

芝田裕一　2002b　歩行養成30期・リハ養成7期（平成12年度）までの変遷と現状（4）　視覚障害リハビリテーション，**56**，67-77.

芝田裕一　2005　わが国の視覚障害児・者に対する歩行指導の理念・内容における変遷と現状――昭和40年代と現代との比較を通して　特殊教育学研究，43（2），93-100.

芝田裕一　2006　視覚障害児・者に対するファミリアリゼーションの体系及び諸問題　兵庫教育大学研究紀要，**28**，43-51.

芝田裕一　2010a　視覚障害児・者の歩行指導――特別支援教育からリハビリテーションまで　北大路書房

芝田裕一　2010b　障害理解教育及び社会啓発のための障害に関する考察　兵庫教育大学研究紀要，**37**，25-34.

芝田裕一　2011a　障害理解教育及び社会啓発のための障害に関する考察（2）――視覚障害児・者の活動能力と活動制限　兵庫教育大学研究紀要，**39**，35-46.

芝田裕一　2011b　視覚障害児に対する地図の基礎学習指導プログラム「既知地図化法」の内容と方法　平成20～22年度の科学研究費補助金（基盤研究　C　一般，課題番号；20530886，研究代表者：芝田裕一）に基づく研究関連報告書

芝田裕一　2012　視覚障害児・者の歩行訓練における課題（1）　兵庫教育大学研究紀要，**41**，1-13.

芝田裕一　2013a　視覚障害児・者の歩行訓練における課題（2）　兵庫教育大学研究紀要，**42**，11-21.

芝田裕一　2013b　人間理解を基礎とする障害理解教育のあり方　兵庫教育大学研究紀要，**43**，25-36．
芝田裕一　2014a　視覚障害児童生徒の歩行指導における教員の連携に関する研究——歩行訓練士と歩行訓練補助員の連携　平成23～25年度の科学研究費補助金（基盤研究　C　一般，課題番号；23531291，研究代表者：芝田裕一）に基づく研究関連報告書
芝田裕一　2014b　視覚障害児・者の歩行訓練における課題（3）——障害者権利条約における orientation and mobility（定位と移動）と habilitation　兵庫教育大学研究紀要，**45**，31-38．
芝田裕一・出井博之・正井隆晶　2011　既知地図化法による視覚障害児に対する地図の基礎学習に関する指導事例　兵庫教育大学研究紀要，**38**，31-42．
芝田裕一・出井博之・正井隆晶・山田秀代・中野純子・千葉康彦・桝岡良啓・井上芳子　2014　視覚障害児童生徒の歩行指導における教員の連携——歩行訓練士と歩行訓練補助員の連携　兵庫教育大学研究紀要，**44**，61-72．
Supa, M., Cotzin, M., & Dallenbach, K. M.　1944　"Facial vision" the perception of obstacles by the blind. *The American Journal of Psychology*, **57**, 133-183.
Suterko, S.　1973　Life adjustment. In B. Lowenfeld（Ed.）, *The visually handicapped child in school*. New York : The John Day Company.
寺本　潔・大西宏治　2004　子どもの初航海——遊び空間と探検行動の地理学　古今書院
鳥山由子（編）　2009　視覚障害指導法の理論と実際　ジアース教育新社
Western Michigan University　1974　Orientation And Mobility Notebook. Michigan : Author, Kalamazoo.（講義資料，未発表）
Worchel, P., & Dallenbach, K. M.　1947　"Facial vision" the perception of obstacles by the deaf-blind. *The American Journal of Psychology*, **60**, 502-553.
矢野　忠・伊藤忠一・大川原　潔　1978　盲人（児）の姿勢　日本特殊教育学会第16回大会発表論文集，306-307．

● 第5章

安西祐一郎・苧阪直行・前田敏博・彦坂興秀　1994　岩波講座　認知科学9　注意と意識　岩波書店
交通エコロジー・モビリティ財団　2001　公共交通機関旅客施設の移動円滑化整備ガイドライン　交通エコロジー・モビリティ財団
毎日新聞社　2004　視障者の単独移動を考える　点字毎日活字版，**339**，3．
芝田裕一　1995　視覚障害者の歩行とその補助具についての考察　第4回視覚障害リハビリテーション研究発表大会論文集，182-185．
芝田裕一　2005　視覚障害児・者の歩行における援助のあり方と方法　兵庫教育大学研究紀要，**26**，41-50．
芝田裕一　2010　視覚障害児・者の歩行指導——特別支援教育からリハビリテーションまで　北大路書房
芝田裕一　2011　障害理解教育及び社会啓発のための障害に関する考察（2）——視覚障害児・者の活動能力と活動制限　兵庫教育大学研究紀要，**39**，35-46．
芝田裕一　2012　視覚障害児・者の歩行訓練における課題（1）　兵庫教育大学研究紀要，**41**，1-13．
芝田裕一　2013　視覚障害児・者の歩行訓練における課題（2）　兵庫教育大学研究紀要，**42**，11-21．
芝田裕一　2014a　視覚障害児童生徒の歩行指導における教員の連携に関する研究——歩行訓練士と歩行訓練補助員の連携　平成23～25年度の科学研究費補助金（基盤研究　C　一般，課題番号；23531291，研究代表者：芝田裕一）に基づく研究関連報告書
芝田裕一　2014b　視覚障害児・者の歩行訓練における課題（3）——障害者権利条約における orientation and mobility（定位と移動）と habilitation　兵庫教育大学研究紀要，**45**，31-38．
芝田裕一・出井博之・正井隆晶・山田秀代・中野純子・千葉康彦・桝岡良啓・井上芳子　2014　視覚障害児童生徒の歩行指導における教員の連携——歩行訓練士と歩行訓練補助員の連携　兵庫

教育大学研究紀要，**44**，61-72.
鈴木浩明　2003　バリアフリー時代の心理・福祉工学　ナカニシヤ出版

第6章

福井哲也　2003　初歩から学ぶ英語点訳三訂版　日本点字図書館
原田良實　2005　中途失明と点字指導　第14回視覚障害リハビリテーション研究発表大会論文集，112-115.
Henri, P. 1952 *La vie et l'œuvre de Louis Braille*. Presses Universitaires de France. 奥寺百合子（訳）　1984　点字発明者の生涯　朝日新聞社
本間一夫　1980　指と耳で読む──日本点字図書館と私　岩波新書
生井久美子　2009　ゆびさきの宇宙──福島智・盲ろうを生きて　岩波書店
井尾真知子　2004　視覚障害者のための音声パソコン入門　インデックス出版
柿澤敏文　2016　全国視覚特別支援学校児童生徒の視覚障害原因等に関する調査研究──2015年調査──報告書　筑波大学人間系障害科学域
文部科学省　2003a　点字学習指導の手引（平成15年改訂版）　大阪書籍
文部科学省　2003b　点字楽譜の手引
日本点字委員会　2001a　日本点字表記法2001年版　日本点字委員会
日本点字委員会　2001b　点字理科記号解説暫定改訂版　日本点字委員会
日本点字七十周年記念事業実行委員会　1961　日本点字の父　石川倉次先生傳　日本点字七十周年記念事業実行委員会（東京教育大学雑司ヶ谷分校内）
澤田真弓・原田良實（編）　2004　中途視覚障害者への点字触読指導マニュアル　読書工房
芝田裕一　2003　視覚障害者のリハビリテーションと生活訓練第2版──指導者養成用テキスト　日本ライトハウス（自費出版）
進　和枝・牟田口辰己　2006　点字触読導入法の比較　日本特殊教育学会第44回大会発表論文集，647.
点字学習を支援する会（編）　2002　点字導入学習プログラム　点字学習を支援する会
全国視覚障害者情報提供施設協会　2003　点訳のてびき第3版　全国視覚障害者情報提供施設協会

第7章

芝田裕一　2005　視覚障害児・者の歩行における援助のあり方と方法　兵庫教育大学研究紀要，**26**，41-50.
芝田裕一　2006　視覚障害児・者に対するファミリアリゼーションの体系及び諸問題　兵庫教育大学研究紀要，**28**，43-51.
芝田裕一　2010　視覚障害児・者の歩行指導──特別支援教育からリハビリテーションまで　北大路書房
芝田裕一　2011　視覚障害児に対する地図の基礎学習指導プログラム「既知地図化法」の内容と方法　平成20～22年度の科学研究費補助金（基盤研究　C　一般，課題番号；20530886，研究代表者：芝田裕一）に基づく研究関連報告書
芝田裕一・出井博之・正井隆晶　2011　既知地図化法による視覚障害児に対する地図の基礎学習に関する指導事例　兵庫教育大学研究紀要，**38**，31-42.
新垣紀子・野島久雄　2001　方向オンチの科学──迷いやすい人・迷いにくい人はどこが違う？　講談社ブルーバックス
Western Michigan University　1974　Orientation And Mobility Notebook. Michigan: Author, Kalamazoo.（講義資料，未発表）

第8章

安西祐一郎・苧阪直行・前田敏博・彦坂興秀　1994　岩波講座　認知科学9　注意と意識　岩波書店
Apple, L., & May, M.　1970　*Distance vision and perceptual training*. New York : American Foundation for the Blind.
Barraga, N.　1964　*Increased visual behavior in low vision children*. New York : American Foundation for the Blind.
弱視者問題研究会　2000　私達ももっと自由に出かけたい——弱視者の立場から見た公共交通バリアフリー　弱視者問題研究会
Jose, R. T.　1983　*Understanding low vision*. New York : American Foundation for the Blind.
柿澤敏文　2016　全国視覚特別支援学校児童生徒の視覚障害原因等に関する調査研究——2015年調査——報告書　筑波大学人間系障害科学域
小林一弘　2003　視力0.06の世界——見えにくさのある眼で見るということ　ジアース教育新社
本多和子・北出勝也　2003　「見る」ことは「理解すること」——子どもの視覚機能の発達とトレーニング　山洋社
丸尾敏夫（監）　川村　緑・原沢佳代子・深井小久子（編）　2004　視能矯正マニュアル〈改訂版〉　メディカル葵出版
正井隆晶・芝田裕一・松下幹夫　2011　視覚障害特別支援学校における弱視者への夜間歩行とフラッシュライト使用について　弱視教育，49（2），6 -13.
McDonald, E. H.　1966　Mobility-occlusion versus low vision aids. *The New Outlook for the Blind*, 60, 157-158.
芝田裕一　1981a　弱視者の歩行訓練——その基本的概念　視覚障害研究，13, 1 -25.
芝田裕一　1981b　歩行訓練セミナー（2）弱視者のための夜の歩行訓練　視覚障害研究，14, 47-51.
芝田裕一　1986　弱視者に対するカウンセリング的指導　視覚障害研究，24, 41-48.
芝田裕一　2010　視覚障害児・者の歩行指導——特別支援教育からリハビリテーションまで　北大路書房
髙橋　広（編）　2002　ロービジョンケアの実際——視覚障害者のQOL向上のために　医学書院
簗島謙次・石田みさ子（編）　2000　ロービジョンケアマニュアル　南江堂

第9章

Hill, E., & Ponder, P.　1976　*Orientation and mobility techniques : A guide for the practitioner*. New York : American Foundation For The Blind.
岩橋英行（監）大槻　守（著）　1968　失明者歩行訓練指導要領　日本ライトハウス
岩橋英行（監）　1974　視覚障害者の歩行および訓練に関する参考資料集（その3）　日本ライトハウス
Jacobson, W. H.　1993　*The art and science of teaching orientation and mobility to persons with visual impairments*. New York : American Foundation for the Blind.
日本ライトハウス　1975　視覚障害者のための歩行訓練カリキュラム（Ⅰ）　日本ライトハウス
日本ライトハウス　1977　視覚障害者のためのリハビリテーションⅠ　歩行訓練　日本ライトハウス
芝田裕一　2005　視覚障害児・者の歩行における手引き——その考え方・方法及び歩行訓練としての指導法　視覚障害リハビリテーション，62, 59-84.
芝田裕一　2010　視覚障害児・者の歩行指導——特別支援教育からリハビリテーションまで　北大路書房
Western Michigan University　1974　Orientation And Mobility Notebook. Michigan : Author,

Kalamazoo.（講義資料，未発表）

第10章

芝田裕一　2010　視覚障害児・者の歩行指導——特別支援教育からリハビリテーションまで　北大路書房

第11章

Carroll, T. J. 1961 *Blindness : What it is, what it does and how to live with it*. Boston : Little, Brown and Company.
永井和子　1998　長崎視覚障害を考える会「盲ろう疑似体験」　第7回視覚障害リハビリテーション研究発表大会論文集，103-106.
中野泰志・福島　智　2004　まちづくりにおける「障害当事者との，まち歩き」と「障害疑似体験」の意義——多様な人の住まう「まち」への気づきを目指して　日本福祉のまちづくり学会第7回全国大会概要集，281-284.
小野聡子・徳田克己　2005　視覚障害歩行シミュレーション体験が体験者の不安と恐怖心に与える影響——体験時間の長さを変数として　日本特殊教育学会第43回大会発表論文集，690.
小野聡子・徳田克己　2006　視覚障害歩行シミュレーション体験が体験者の不安と恐怖心に与える影響——障害理解教育の視点から　障害理解研究，8，37-46.
芝田裕一　2007　視覚障害の疑似障害体験実施の方法及び留意点——手引きによる歩行を中心として　兵庫教育大学研究紀要，30，25-30.
芝田裕一　2012　視覚障害の疑似障害体験実施の方法及び留意点（2）——手引きによる歩行の具体的なプログラム　兵庫教育大学研究紀要，40，29-36.
芝田裕一　2013　人間理解を基礎とする障害理解教育のあり方　兵庫教育大学研究紀要，43，25-36.
徳田克己・水野智美（編）　2005　障害理解——心のバリアフリーの理論と実践　誠信書房

第12章

Cutsforth, T. D.　1951　*The blind in school and society : A psychological study*. New York : American Foundation for the Blind.
土居健郎　1966　「甘え」の構造　弘文堂
藤本文朗・藤本克美（編）　1994　京都障害者歴史散歩　文理閣
福田恵子　1997　コミックの中の障害者　視覚障害リハビリテーション，45，17-36.
Hamilton, D.　2010　*Why kindness is good for you*. UK : Hay House UK.　有田秀穂（監訳）　2011　「親切」は驚くほど体にいい！——"幸せ物質"オキシトシンで人生が変わる　飛鳥新社
日比野イエラ（著）日比野　清（監）　1997　わたしは盲導犬イエラ　ミネルヴァ書房
広瀬浩二郎　2004　触る門には福来たる——座頭市流フィールドワーカーが行く！　岩波書店
神谷美恵子　1980　生きがいについて　みすず書房
河合隼雄　2004　ココロの止まり木　朝日新聞社
河内清彦　1990　学生および教師の視覚障害者観　文化書房博文社
河野勝行　1987　障害者の中世　文理閣
小島蓉子（編）　1978　社会リハビリテーション　誠信書房
松井　進　2003　見えない目で生きるということ　明石書店
中根千枝　1967　タテ社会の人間関係　講談社現代新書
乙武洋匡　1998　五体不満足　講談社
佐藤正二・佐藤容子（編）　2006　学校におけるSST実践ガイド——子どもの対人スキル指導　金剛出版

引用・参考文献

真城知己　2003　「障害理解教育」の授業を考える　文理閣
芝田裕一　1988　テレビ・映画に見る視覚障害者雑感（編集後記）　視覚障害研究, **28**, 85-87.
芝田裕一　2000　視覚障害者のリハビリテーションと生活訓練――指導者養成用テキスト　日本ライトハウス
芝田裕一　2001　視覚障害者の手引きとリハビリテーション〈第7版〉　日本ライトハウス
芝田裕一　2004　視覚障害者の手引きとリハビリテーション〈第10版〉　日本ライトハウス（自費出版）
芝田裕一　2005　視覚障害児・者の歩行における援助のあり方と方法　兵庫教育大学研究紀要, **26**, 41-50.
芝田裕一　2010　障害理解教育及び社会啓発のための障害に関する考察　兵庫教育大学研究紀要, **37**, 25-34.
芝田裕一　2011　障害理解教育及び社会啓発のための障害に関する考察（2）――視覚障害児・者の活動能力と活動制限　兵庫教育大学研究紀要, **39**, 35-46.
芝田裕一　2013　人間理解を基礎とする障害理解教育のあり方　兵庫教育大学研究紀要, **43**, 25-36.
愼　英弘　1997　視覚障害者に接するヒント　解放出版社
白鳥めぐみ・諏方智広・本間尚史　2010　きょうだい――障害のある家族との道のり　中央法規
鑪　幹八郎　1998　恥と意地　講談社現代新書
Weihenmayer, E.　2001　*Touch the top of the world*.　梅津正彦（訳）　2002　全盲のクライマー，エヴェレストに立つ　文藝春秋
ウィーランド, B.・ニコルス, S.・遠藤正武　2001　腕で歩く　竹書房
山田規畝子　2004　壊れた脳生存する知　講談社
吉野由美子　1997　視覚障害者の自立と援助　一橋出版

事項索引

■あ
ICF（国際生活機能分類） 2, 41, 99, 134, 159, 163
ICF語 4
アイマスク 116, 117, 157, 160
アドボカシー 26
安全性・安心感 97, 121
暗点 7, 111, 114
アンブリオピア 7, 10

■い
医学的弱視 10
医学モデル 1, 3
医学リハビリテーション 23
医療機関 47, 140
医療ソーシャルワーカー 37
因果応報 167
インクルーシブ教育 25
インクルージョン 33

■う
ウェル・ビーイング 26, 51
運動 56

■え
SH法 69
エスカレーターの利用 131, 139, 151
Aタイプ（生活地域での指導） 105
ADL 3, 13, 96
A領域 164
援助 64, 141, 180
援助のあり方 141, 181
エンパワメント 26, 47

■お
黄斑変性 111
屋内歩行 48, 83
音の影（サウンド・シャドゥ） 55
オリエンテーション 100
オリエンテーション・アンド・モビリティー 61, 75
折りたたみ杖 77
音響信号 80
オンリーワン 170

■か
階段昇降 130, 139
ガイドヘルパー 123, 141
概念習得 70
拡大読書器 66, 113, 118
価値変換論 38
学校教育法施行令 9
活動 2, 3
活動制限 2, 13, 134, 163, 177
活動能力 14, 99, 134
河原者 168
感覚 55, 160
眼鏡 66, 113
環境因子 3
環境認知 76, 84, 160
感情健常論 59, 168
眼振 111

■き
疑似障害体験 13, 157, 176
疑似障害体験の方法 160
疑似障害体験の目的 159
基礎的能力 15, 53, 54, 70, 76, 84, 94, 103, 118, 135
既知地図化法 72
機能回復 24
機能障害 1, 14
機能的視覚評価 112
キャロルの20の喪失 15
QOL 26, 51, 172, 175
教育リハビリテーション 22
共感 30, 46, 167
狭窄 7, 111
共用品 98
切れ続き 93

192

● 事項索引

近見視力　6

■く
クルー（手がかり）　76
クロックポジション　72, 155

■け
継時的把握　99
携帯用点字器　87
傾聴　30, 46
現地ファミリアリゼーション　101

■こ
光覚弁（明暗弁）　6
光学文字認識装置（OCR）　94
行動計画　76
口頭ファミリアリゼーション　101
国際障害分類（ICIDH）　1
国際生活機能分類（ICF）　2, 41, 99, 134, 159, 163
個人因子　3
個人受容　41
固定的参照系　104
個別性　75, 97
個別の教育支援計画　27
コミュニケーション　13, 15
コミュニケーション訓練　114, 115
雇用率　30
今後の特別支援教育の在り方について（最終報告）　27
コントラスト　109

■さ
最少可読視標　6
さわる絵本　96
参加　2, 3, 48, 134
参加制約　2, 24, 163

■し
視覚　8, 109
視覚器　5
視覚障害　10
視覚障害児　44, 57, 72, 84, 94, 107, 140
視覚障害児・者数　10
視覚障害者誘導用ブロック　11, 13, 78, 119, 155, 180

視覚特別支援学校　28, 33, 34, 54, 84, 118
視機能　7
自己決定権　26
自己中心的参照系　104
資産価値　38
指数弁　6
室内ファミリアリゼーション　106
失明者　10
自転車による事故　179
指導者　30
指導者養成　52
指導用教材　65
視能訓練士　37
視能率　7
視野　7
社会受容　41
社会性　56, 75
社会適応訓練（生活訓練）　14, 23, 51, 52, 115, 172
社会適応能力　14, 52, 53
社会的弱視　10
社会的不利　1
社会モデル　3
社会リハビリテーション　23
弱視（ロービジョン）　10, 28, 109
弱視学級　118
弱視児　118
弱視者の見え方　110
遮光眼鏡　112
集中学習　102
羞明　110, 118
手動弁　6
障害告知　37
障害者観　180
障害者権利条約　21, 26, 34, 61, 85
障害者に関する世界行動計画　22
障害者に対する意識と態度　164
障害者の雇用の促進等に関する法律　30
障害者の主体性　24, 64
障害者の理解に必要な考え方　30, 45, 170
障害受容　37, 40, 45
障害理解　25, 61, 171, 177
障害理解教育　173
情報の利用　76, 84
職業リハビリテーション　29
触察　56, 106

193

触地図　　65, 104, 106
書見台　　118
触覚（皮膚感覚）　　56
所有価値　　38
自立　　26
自立活動　　21, 28, 51, 57
自立生活運動　　26
視力　　6
視力検査　　111
真空成形器　　96
信号　　179
心身機能　　2
身体構造　　2
身体行動　　76
身体障害　　8
身体障害者障害程度等級　　9, 111
身体障害者総数　　10
身体障害者福祉法　　9
心理的課題　　56
心理的ケア　　35
心理リハビリテーション　　22

■す
図と地　　111, 118
すみ字　　95
スライド法　　84

■せ
正確性　　97
生活訓練（社会適応訓練）　　14, 21, 23, 28, 51, 63
生活地域での指導（Aタイプ）　　101
晴眼者（正眼者）　　10, 99, 106
精神的成長　　168
精神的な強さ　　59
セルフ・エフィカシー　　47
セルフファミリアリゼーション　　106
セレクティブ・リスニング　　55
線状ファミリアリゼーション　　100
線状ブロック　　78
全人間的復権　　22
全盲　　6, 55

■そ
即時的把握　　99

■た
代替機能　　24
立ち直り力　　59
タッチテクニック　　84
段階論　　39
単眼鏡　　113, 114, 118

■ち
知恵　　60
知覚　　55, 160
知識　　55
地図的操作　　76, 84, 101
抽象的参照系　　104
中途視覚障害者　　94
聴覚　　55
直杖　　77

■つ
通級による指導　　28
つまずきの防止を主体とする指導法（SH法）　　69

■て
TAC　　6
低血糖　　8
デイジー図書　　87
手による伝い歩き　　83
手による防御　　83
手引き　　141, 178
手引き時の白杖　　138
手引き時の方向転換　　133, 145
手引きする側　　126, 138, 142
手引きによる歩行　　47, 82, 121
手引きのあり方　　142
手引きの腕の持ちかえ　　132, 144
手引きの基本姿勢　　124, 138, 142
手引きの種類　　122
手引きの条件　　121, 137
点字　　87, 89
点字器　　66, 87
点字シール　　98
点字タイプライター　　87
点字図書　　96
点字図書館　　96
点字の指導　　93
点字盤　　87

事項索引

点字プリンタ　87
点状ブロック　78
電車の利用　132, 140, 152

■と
同情　167
糖尿病網膜症　8, 94
道路　178
道路交通法　13, 176, 179
道路交通法施行令　177
特別支援学級（弱視学級）　28, 118
特別支援教育　27, 118

■に
ニーズ　20, 65
日常生活動作（ADL）　3, 15
日常生活動作訓練　115
日常生活用具　66, 98
日本の社会集団　166

■ね
ネーミング　103

■の
能率性　75
能力　3
能力障害　1, 2
ノースアップ　104
ノーマライゼーション　24, 175

■は
バーバリズム　72
白杖　77, 138, 161, 178, 181
白杖操作技術　84
白杖による伝い歩き　84
白杖を携帯する目的　77, 118
白内障　8
恥　167, 171
バスの利用　132, 140, 153
パソコン　87, 94
パピーウォーカー　77
ハビリテーション　20
バリア　25
バリアフリー　25

■ひ
ピア・カウンセリング　26, 45, 46
PL法　6
Bタイプ（生活地域以外での指導）　105, 106
B領域　164
ピンディスプレイ　87

■ふ
ファミリアリゼーション　12, 48, 66, 76, 99
フィルター理論　81, 115
福祉　22
物体知覚　55
フラッシュライト　117
フレネルの膜プリズム　112
分習法　104
分散学習　103

■へ
ヘディングアップ　104
偏見　168

■ほ
方向のとり方　83
ホーム縁端警告ブロック　78
歩行（定位と移動）　13, 15, 61, 75
歩行環境　119
歩行技術　76
歩行訓練　12, 47, 75, 82, 105, 107, 114, 115, 122, 135
歩行訓練士　52, 62, 82, 84, 123, 133
歩行訓練補助員　85
歩行能力　76, 105
歩行の条件　75
歩行の精神的疲労　81
歩行補助具　81
補助具　65, 81, 104, 112
補助具を使用しない歩行技術　83
補装具　66

■ま
マスあけ　93

■み
見え方の実態把握　112

195

■む
ムーンタイプ　87

■め
面状ファミリアリゼーション　100
メンタルマップ　101, 104, 106
メンタルローテーション　101

■も
盲学校　28
盲人　10
盲導犬　77, 84, 182
網膜色素変性　8, 111, 116, 117, 119
網膜像の拡大　112
モビリティー　75

■や
夜間歩行訓練　117
夜盲　110

■ゆ
ユニバーサルデザイン　25

■よ
用具　51, 65, 77, 98, 112

■ら
ランドマーク（目じるし）　76, 114
ランドルト環　6

■り
リハビリテーション　20-22, 57
両手誘導　48, 140
緑内障　8
理療　11, 28

■る
ルートファミリアリゼーション　48, 104

■れ
レーズライター　95

■ろ
ロービジョン　10, 157
ロービジョンケア　23

■わ
分かち書き　93

人名・機関名索引

■あ
アウイ（Haüy, V.） 88
アップル（Apple, M.） 109, 125, 133
アメリカ 52, 75, 134, 177
安西祐一郎 82, 115

■い
石川倉次 88
石田みさ子 7, 112
岩橋英行 125, 133

■う
ウエスタンミシガン大学 125, 133
上田　敏 5, 22, 39
上田幸彦 45

■え
AFOB 52
HKI 52

■お
大槻　守 125, 133
岡　茂 40
小野聡子 159

■か
柿澤敏文 87
楽善会訓盲院 88
カッツフォース（Cutsforth, T. D.） 180
河内清彦 180

■き
キャロル（Carroll, T. J.） 15, 95, 157
キューブラー＝ロス（Kübler-Ross, E.） 39

■く
グレイソン（Grayson, M.） 38

■こ
厚生労働省 9, 10, 52

コーン（Cohn, N.） 39
国土交通省 13, 79
国立障害者リハビリテーションセンター学院 52
小島蓉子 165
小西信八 88
古牧節子 47

■さ
佐藤正二 176

■し
ジェイコブソン（Jacobson, W. H.） 125
弱視者問題研究会 119
芝田裕一 12, 22, 23, 45, 51, 53, 62, 65, 69, 72, 77, 81, 82, 100, 115, 119, 121, 157, 168, 171, 173
進　和枝 94
新垣紀子 104

■す
鈴木浩明 81

■せ
世界保健機関（WHO） 1

■た
高橋　広 110
鑪　幹八郎 167
ダレンバック（Dallenbach, K. M.） 55

■ち
チョルドン（Cholden, L. S.） 41

■て
ディドロ（Diderot, D.） 55
デンボ（Dembo, T.） 38

■と
土居健郎 167

197

東京盲唖学校　88
徳田克己　159

■な
中根千枝　166
中野泰志　157
南雲直二　40, 41
夏堀　摂　44

■に
日本点字委員会　93
日本盲人社会福祉施設協議会　87
日本ライトハウス　52, 125, 133

■の
野島久雄　104

■は
バラガ（Barraga, N.）　112
原田良實　94
バルビエ（Barbier, C.）　88
バンデューラ（Bandura, A.）　47

■ひ
ヒル（Hill, E.）　125, 133

■ふ
フィンク（Fink, S. L.）　39
フェシュバック（Feshbach, N. D.）　46
福島　智　157

ブライユ（Braille, L.）　87, 88
ブロードベント（Broadbent, D. E.）　81, 115

■ほ
本田哲三　40
ポンダー（Ponder, P.）　125, 133

■ま
毎日新聞社　42, 81
マクドナルド（McDonald, E. H.）　116
丸尾敏夫　7

■む
牟田口辰己　94

■め
メイ（May, M.）　109

■も
文部科学省　27

■や
簗島謙次　7, 112

■ら
ライト（Wright, B. A.）　38

■ろ
ローウェンフェルド（Lowenfeld, B.）　44

著者紹介

芝田裕一(しばた・ひろかず)

1973年　関西学院大学文学部心理学科卒業
1975年　州立ウエスタンミシガン大学大学院教育学部修了，Orientation and Mobility Specialist（歩行訓練専門職）
現　在　博士（学術），国立大学法人京都教育大学・国立大学法人神戸大学・神戸親和女子大学・武庫川女子大学非常勤講師，元国立大学法人兵庫教育大学大学院教授（特別支援教育専攻障害科学コース），元日本ライトハウス理事・視覚障害リハビリテーションセンター所長・養成部長（厚生労働省委託指導者養成事業主任教官）
専　門　障害児・者指導法，障害児心理学，視覚障害学，特別支援教育，障害理解教育
　　　　担当授業が第1回兵庫教育大学ベストクラスに選定（2015年度）

《主著・論文》

『視覚障害児・者の歩行指導―特別支援教育からリハビリテーションまで―』　北大路書房　2010年
『はじめての特別支援教育〔改訂版〕―教職を目指す大学生のために―』（共著）　有斐閣　2014年
『わが国の視覚障害児・者に対する歩行指導の理念・内容における変遷と現状―昭和40年代と現代との比較を通して―』　特殊教育学研究，43(2)，93-100．2005年
『障害理解教育及び社会啓発のための障害に関する考察』　兵庫教育大学研究紀要，37，25-34．2010年
『既知地図化法による視覚障害児に対する地図の基礎学習に関する指導事例』（共著）　兵庫教育大学研究紀要，38，31-42．2011年
『障害理解教育及び社会啓発のための障害に関する考察(2)―視覚障害児・者の活動能力と活動制限―』　兵庫教育大学研究紀要，39，35-46．2011年
『視覚障害の疑似障害体験実施の方法及び留意点(2)―手引きによる歩行の具体的なプログラム―』　兵庫教育大学研究紀要，40，29-36．2012年
『視覚障害児・者の歩行訓練における課題(1)』　兵庫教育大学研究紀要，41，1-13．2012年
『視覚障害児・者の歩行訓練における課題(2)』　兵庫教育大学研究紀要，42，11-21．2013年
『人間理解を基礎とする障害理解教育のあり方』　兵庫教育大学研究紀要，43，25-36．2013年
『視覚障害児童生徒の歩行指導における教員の連携―歩行訓練士と歩行訓練補助員の連携―』（共著）　兵庫教育大学研究紀要，44，61-72．2014年
『視覚障害児・者の歩行訓練における課題(3)―障害者権利条約における orientation and mobility（定位と移動）と habilitation―』　兵庫教育大学研究紀要，45，31-38．2014年

視覚障害児・者の理解と支援 ［新版］

2007年 5 月10日	初版第 1 刷発行
2012年10月10日	初版第 4 刷発行
2015年 2 月20日	新版第 1 刷発行
2021年 2 月20日	新版第 4 刷発行

定価はカバーに表示
してあります。

著　者　芝　田　裕　一

発　行　所　㈱北大路書房

〒603-8303　京都市北区紫野十二坊町12-8
電　話　（075）431-0361㈹
ＦＡＸ　（075）431-9393
振　替　01050-4-2083

©2007, 2015　　　印刷・製本／亜細亜印刷㈱
検印省略　落丁・乱丁本はお取り替えいたします
ISBN978-4-7628-2885-0　　Printed in Japan

・ JCOPY 〈㈳出版者著作権管理機構 委託出版物〉
本書の無断複写は著作権法上での例外を除き禁じられています。
複写される場合は，そのつど事前に，㈳出版者著作権管理機構
（電話 03-5244-5088, FAX 03-5244-5089, e-mail: info@jcopy.or.jp）
の許諾を得てください。